改訂
ケアを生きる私たち

ノートルダム清心女子大学
人間生活学科 編

大学教育出版

は じ め に

　私たちは、暮らしにかかわるさまざまな課題について、人間福祉の視点から考えることを目的として、2016年に『ケアを生きる私たち』を出版しました。本書はその改訂版です。執筆者と内容を一部改訂しました。

　タイトルにある「ケアを生きる私たち」は、本書を執筆・編集した私たちの考え方を端的に表したものです。「序章」でも述べるように、私たちは福祉を「人間福祉」として捉えていますが、それは、一言で言えば、「この世界で生きるということそのものがケアの営みにほかならない」という理解なのです。ただ単に幼少期や高齢期、あるいは病気の時などに「ケアの厄介になる」のではなく、私たちの暮らしは日々、無数のケアリング関係（ケアをしたり、されたりという関係）で成り立っています。まさに、私たちは「ケアを生きる」存在なのだと思います。そんな私たちの生活の「今」を見つめ、ケアを生きる私たちの「未来」を展望したいと願って、本書を執筆・編集しました。本書が、読者のみなさんにとって、新しい知の発見の一助になることができれば幸いです。

　本書の出版に際してご尽力くださった大学教育出版の佐藤守さんをはじめ、多くの方々にお礼申し上げます。

2025年2月

著者一同

改訂　ケアを生きる私たち

目　次

はじめに ………………………………………………………………………… i

序　章　瀬戸内の海から ……………………………………………………… 1
　　1．瀬戸内海のような人間関係　1
　　2．「幸福を求める旅学」としての人間福祉学　2
　　3．人間福祉の日常性　4
　　4．「かけがえのなさ」を見守るケア──人間福祉と尊厳──　6
　　5．「ささえ合い」を育てるケア──人間福祉と相依性──　9
　　6．ケアと成長　12
　　7．「かかわり合い」を癒すケア──人間福祉と関係修復──　13

第1章　人間の尊厳と福祉 …………………………………………………… 16
　　1．はじめに　16
　　2．「人間の尊厳」の歴史　17
　　3．カントの「人間の尊厳」論　21
　　4．存在の論理　26
　　5．福祉のなかの人間の尊厳　31

第2章　ケアとは何か ………………………………………………………… 36
　　1．はじめに　36
　　2．ケアの定義　37
　　3．ケアの基準　40
　　4．ケアの協働性　43
　　5．ネットワークを編み直す──ケアからドゥーリアへ──　47
　　6．おわりに　50

第3章　スピリチュアルケア ………………………………………………… 53
　　1．はじめに　53
　　2．苦悩の人間学　54
　　3．スピリチュアルケアとホスピス　58
　　4．スピリチュアルケアと「霊性」　61
　　5．スピリチュアルケアの現在形　63
　　6．おわりに　66

第4章 福祉（ふだんの・くらしの・しあわせ） …………………………… 69
　1．孤独・孤立の現状　*69*
　2．意図的に「つながり」をつくる　*73*
　3．福祉（ふだんの・くらしの・しあわせ）とは　*74*
　4．おわりに　*78*

第5章 ひきこもり支援と地域共生社会 …………………………………… 81
　1．シンパシーとエンパシー　*81*
　2．ひきこもりを生むメカニズム　*84*
　3．地域の「ひきこもり支援」　*85*
　4．「ひきこもり」の実態　*88*
　5．地域共生社会の実現　*91*
　6．おわりに　*94*

第6章 貧困と向き合う ……………………………………………………… 97
　1．「格差・不平等」と「貧困」　*97*
　2．貧困がなぜ問題か　*100*
　3．貧困対策の限界　*103*
　4．貧困のリスク　*104*
　5．貧困の自己責任論　*106*
　6．おわりに　*108*

第7章 「見えない貧困」と現代 …………………………………………… 110
　1．「見える貧困」と「見えない貧困」　*110*
　2．「見えない貧困」の拡がり　*112*
　3．「見えない貧困」と非行　*116*
　4．「見えない貧困」がもたらす未来　*119*
　5．おわりに　*120*

第8章　子どもの視点に立った児童家庭福祉
────ウェルフェアからウェルビーイングへ──── ………………… 122

1．ウェルビーイングという考え方　122
2．児童虐待の捉え方　125
3．児童虐待と子どもの権利保障　126
4．家族病理としての児童虐待　132
5．子どもの権利保障の視点に立った児童虐待の対応　137
6．おわりに──人間福祉の視点にたった児童家庭福祉のあり方──　143

第9章　高齢社会と老い ………………………………………………… 147

1．高齢社会の進展　147
2．老いとその問題　150
3．老いと文化　151
4．高齢者と健康　152
5．高齢者と介護　153
6．高齢者と認知症　155
7．喪失体験と成熟　156

終　章　人間福祉の未来
────私たち一人ひとりに求められるあり方──── ………………… 161

1．相依性を生きる　161
2．存在の価値に気づく　162
3．多様性と個性を尊重する　163
4．「支援が必要な特別な存在」と捉えることの弊害　164
5．ふたたび瀬戸内の海から　165

改訂　ケアを生きる私たち

序章
瀬戸内の海から

1．瀬戸内海のような人間関係

　この本の執筆者たちの勤める学校は瀬戸内海に面した街にあります。鏡のようになめらかな水面に大小さまざまな島々の並ぶ瀬戸内の海は、日本のエーゲ海とも称される美しい風景で、いつまで眺めていても見飽きないほどです。
　そんな瀬戸内の海を眺めていると、ふと、現代の若い人たちの人間関係のあり方を連想することがあります。この海に点在する島々を現代の若者の一人ひとりになぞらえてみると、島たちが若者の人間関係の悩みや不安を語り出すような気がするのです。若者という「島」たちは決して激しくぶつかり合ったりすることなく、かと言って、孤島のように孤立しているわけでもありません（むしろ、孤立することは恐怖）。互いに絶妙な距離を保ちつつ瀬戸内という一定の範囲内に行儀よく集まっているのです。「島」たちは個々独立してはいるけれども、そのあいだは「やさしさ」という暖かな海で満たされ、滅多なことでは波風立てることがなく、SNSという舟で繋がってはいるけれども、交通手段は決して多くはない。そんな関係性でしょうか。
　この、瀬戸内海のように穏やかな人間関係には、ある種の成熟さえ感じられ、確かに美しいものです。しかし、まったく問題がないかと言えば、もちろん、そういうわけではないでしょう。

たとえば、互いに適度な距離を保つのは、プライバシーを守るためというよりは、互いに傷つけ合わないようにするためかもしれません。しかも、他者を気遣う以上に、自分が傷つくことを恐れ、他者を傷つけないように用心することを通じて、結局のところ、実は自分を守っているのかもしれません。「島」たちはとても傷つきやすいのです。そして、「島」たちの傷つきやすさは、「自分がどう見られているか」という他者からの評価を過剰に恐れているためではないかと考えられます。穏やかな瀬戸内海からは想像もできないほど、「島」たちは他者の眼に怯えているのです。

また、暖かな「やさしさ」が、他者から傷つけられないための自己保身だとするならば、その「やさしさ」は自分が傷ついてでも他者に手を差し延べるといったものではないでしょう。いじめ問題などでよく指摘されることですが、適度な距離を置く「暖かなやさしさ」は、ときに「暖かな無関心」に転化してしまう可能性があるかもしれないのです。

2.「幸福を求める旅学」としての人間福祉学

ところで、うえで述べたような若者の悩みや不安を学問的に取り上げるとしたらどうなるでしょうか。もちろん、心理学や社会学のように、心理現象として、あるいは社会現象として学問的にアプローチすることも可能ですが、その内容に直接取り組もうとした場合、それは哲学や倫理学の問題だということになるでしょう。「自分とは何なのか」「そもそも人間とは」（哲学）とか、「友だちとどのように付き合うべきか」「社会はどうあるべきか」（倫理学）といった問題だと考えられるからです。これらは、誰もが考えた（あるいは、感じた）ことのある問いでしょう。深く考えるかどうかはともかくとして、人は誰しも哲学者なのです。

さらに、これらの問いを「人はどんなふうに生きれば幸せになれるのか」という問いにまとめることが許されるとするならば、この問いは哲学・倫理学と福祉学とをつなぐ接点になる問いだと言えるかもしれません。古代ギリシアの

哲学者アリストテレス（B.C.384-B.C.322）は、倫理学の追究する課題は幸福だと述べ、それは要するに、「よく生きる」「よく実行する」とはどういうことなのかという問いだと述べています［アリストテレス、1971: 1095a10］。そして、福祉学の追究する最終課題も、やはり「いかにしたら幸福な生活が実現するか」ということでしょう。「福祉」という言葉はそのまま「幸福」を意味する言葉ですから、福祉学とは、すなわち「幸福学」にほかならないのです。また、福祉を意味する英語のwelfareは、「よく」（wel-）、「旅をする」（fare）に由来しますが、もちろん、この場合の「旅」は人生そのものにほかなりません。つまり、welfareという言葉も、私たちの人生を、幸福を求める旅に喩えたものなのです。「人間福祉学」は、さしづめ、「人間の幸福を求める旅学」ということになるでしょうか。

　しかし、アリストテレスも述べたように、幸福を求めるということに関しては誰も異論がないにしても、「何が幸福か」「どんな生き方が幸せか」ということになると、たちまち議論は紛糾してしまいます。そこで、従来の福祉学は、幸福の尺度を異論の生じない範囲に限定していたのでした。たとえば、経済的な貧困の改善、公衆衛生の向上、生活の利便性の向上などです。これらが改善されるべきことに異論を持つ人は、まずいないでしょう。もちろん、福祉学がこれらの問題に取り組んできたのは、異論の生じそうな幸福問題を排除するためばかりではなく、少なくとも高度経済成長期（一般に、1960年代後半から1970年代前半を指す）を迎えるまでは、これらの改善がわが国にとって最重要課題だったからでした。しかし、その反面、福祉学は哲学や倫理学のような価値を問う学問と、あまり接点を持つことができなかったということも事実なのです。

　ところが、現代の私たちの社会が抱える問題は、以前とは大きく変化しました。子どもや老人に対する虐待、犯罪の低年齢化、性の商品化、中高年の自殺など、難問が山積しているのが現状です。これらの問題は富の増大や利便性の向上だけでは解決することのできない面が多く、これらを考えるためには、どうしても多元的なアプローチが不可欠になってくるのです。さらに言うならば、現代的問題を前提にするまでもなく、人間は、本来、多元的な欲求を持つ存在

なのだから、物質的充足や生活の利便性だけではなく、精神的充足やスピリチュアリティ（これについては第3章で論じます）など多元的に捉えない限り、ほんとうの意味で人間の幸福について考えることは、そもそもできないと言ってもよいでしょう。こうしたことから、福祉学はその原点に立ち返って、「そもそも幸福とは何であり、それはいかにしたら実現できるのか」という、価値を問う学問との統合が必要になってきました。このような、哲学・倫理学と従来型の社会福祉学との学際領域を、私たち執筆者は「人間福祉学」と呼ぶことにしました。

　人間福祉学は、さまざまな点で従来の社会福祉学と違った視点を持っています。とは言え、決して社会福祉学を否定したり、排除したりすることで成り立つ学問ではありません。むしろ、これまでの社会福祉学の成果を十分に踏まえたうえで初めて成り立つ学問なのです。もちろん、社会福祉学のみならず、哲学・倫理学・法律学等々、人間に関わるあらゆる諸学の成果を垣根なく統合して人間の幸福を考える、それが「幸福を求める旅学」としての人間福祉学なのです。

3．人間福祉の日常性

　ところで、私たちの目指す人間福祉学は「ケア」という概念を重視しています。もちろん、「ケアとは何か」ということについては、さまざまな議論がありますので、詳しくは本論第2章に譲りますが、とりあえずここでは、「他者のことを気遣ったり、他者のために利他的に振舞ったりする行為」というように、広く捉えておきたいと思います。このように広く捉えてみると、私たちは日常生活において、意識するか否かにかかわらず、こうしたケアを日々行なっている存在だということに気付きます。「自分は、特別、人のために何かをやったりなんかしていない」と思う人もいるかもしれませんが、たとえば、朝、友だちに「おはよう」と挨拶することも、「私はあなたを彫刻の置き物のように扱っているのではなく、自分とかかわりを持つ人格として扱っているのだ」

というケアリング・メッセージを発することだと理解することができるのです。私たちはみんな小さな哲学者であるとともに、小さなケアラーだと言えるでしょう。

　私たちの目指す人間福祉学は、こんな日常性の中でのケアを重視しています。日常性の中で交わされる、さまざまなレベルのケアリング・メッセージは、私たちの幸福に関する直観、たとえば、「幸福はひとりだけで形成することのできないものだ」とか、仮にできたとしても「自分ひとりだけハッピーになってもどこか虚しい」とか、そんな直観に依拠していると考えられるからです。つまり、人間福祉は何かの資格や知識や技能が必要だったり、法制度や施設が必要だったりするような性格のものではなく、私たちの日常生活の中で、ごく自然に、しかも多くの場合、当たり前なこととして行われているものなのです。「学」としての人間福祉学は、こうしたケアの意義を再認識することにこそ、現代社会の抱える諸問題を解く糸口があると考えています。

　この点は、社会福祉と大きく方向性を異にしていると言えるでしょう。現代の社会福祉は、私たちの生活の多様化・課題の複雑化に伴って、ますます高度な知識・技能を必要とするようになっています。いわば、ケアのスペシャリストを求めているのです。これに対し、人間福祉はケアの非専門性・日常性に着目しています。すなわち、人間福祉にとっては、すべての人がその行為者であり、すべての人がその対象者であり、すべての場所がその実践の場なのです。「人あるところ、人間福祉のニーズあり」、そう言ってよいでしょう。

　もっとも、方向性が異なるからと言って、人間福祉と社会福祉は互いに排除し合うということを意味するものではありません。それは、人間福祉学と社会福祉学との関係について指摘したことと同様です。むしろ、社会福祉は人間福祉のスペシャル・メニュー、ちょうど、毎日、家で食べる家庭料理もあれば、特別な日にレストランで食べるシェフのスペシャル・メニューもあるように、人間福祉の営みの中でも社会の要請に応えてスペシャライズされた部分、それが社会福祉なのだと捉えることができるでしょう。

　このように捉える限り、人間福祉と社会福祉とは、方向性を異にしつつも、その理念に関しては違いがないと言えます。ただ、人間福祉という大きな基盤

の上で考えられた社会福祉には、これまでの社会福祉の考え方よりも、いっそう強調すべき理念、あるいは若干の修正が必要な理念などがあると考えています。次に、これらの理念について考えてみたいと思います。

4.「かけがえのなさ」を見守るケア——人間福祉と尊厳——

　人間福祉は、すべての人が持つ「尊厳」（dignity）と呼ばれる価値を見いだし、これを守ることこそが最も大切な目的だと考えています。もちろん、これまでの社会福祉もまた、「尊厳」を重視してきましたので、この点では変わらないと言ってよいでしょう。社会福祉の基本法とも言うべき「社会福祉法」にも「福祉サービスは、個人の尊厳の保持を旨とし……」（第3条）という文言が見いだされます。

　ただ、ここで言う「尊厳」が具体的に何を指しているのかは明確ではなく、哲学や倫理学による基礎付けが必要かもしれません。また、「個人の尊厳」という表現が、日本国憲法第13条の「個人の尊重」の言い換えであるとするならば、それは個人の自律性（autonomy）を意味しているのかもしれません。

　これに対し、人間福祉が目的とする尊厳は「個人の尊厳」ではなく、「人間の尊厳」なのです。この両者の違いについては本論第1章に譲りますが、とりあえずここでは「人間の尊厳」を「かけがえのなさ」と言い換えておきたいと思います（「人間の尊厳」と「かけがえのなさ」は厳密に言えば同じではありません）。

　たとえば、みなさんが理想の恋人像を考えたとしましょう。「何でもよい」と言われれば、きっとさまざまな条件を思い浮かべるにちがいありません。容姿やスタイル、趣味や性格、人によっては学歴や収入なども考えるかもしれません。しかし、実際には理想どおりの相手と交際したり、結婚したりする人は意外に少ない、いや、ほとんどいないと言ってよいのではないでしょうか。それはなぜでしょう。「現実は妥協の連続だからだ」ということも、もちろんあるかもしれません。しかしそれ以上に、相手との関係性を深めること、つまり、

互いに同じ時間を過ごし、同じ経験を共有することを通じて、私たちは次第に相手が「何を持っているか」とか、「何ができるか」といった「所有」には関心が向かなくなり、逆に、相手がただそのままに「いてくれること」という「存在」が重要になってくるからではないでしょうか。そんな時、私たちは相手に「かけがえのなさ」という価値を見いだしたと言えます。「愛する」とは、相手を「所有」から見るのではなく、「存在」から見るようになることなのかもしれません。

　同じことがケアにも言えるのです。出産前の親はさまざまな「理想的わが子」を思い浮かべるでしょうが、しかし、実際に子育てが始まれば、当初の理想は次第に意味を失っていき、ただ「この子がいるということ」が何よりも重要な価値になってゆくのです。それは、わが子のことを気遣い、利他的に行為するというケアの反復が、私たちの「所有から見る眼」を「存在から見る眼」に変えてゆくからでしょう。「かけがえのなさ」という価値はケア経験の蓄積によって見いだされてゆく価値なのです。その意味では、「かけがえのなさ」は個人の自律性とは異なると言わなければなりません。自律しているか否か、すなわち、自分の人生を自分で計画・実現できるか否かは、相手が「かけがえのない」存在であるかどうかとはまったく関係がないからです。

　しかし、この「かけがえのなさ」という価値は、諸人権と同様、決して放っておいても守られるというようなものではありません。むしろ、この世界は大切なものほど破壊の危険に晒されやすいのです。その最たるものは戦争でしょう。戦争は「いのちの奪い合い」であるだけではなく、「かけがえのなさの潰し合い」でもあります。戦争の真の悲惨さは、それが「人間の消耗戦」である以上に「人間性の消耗戦」であるというところにあるのです。

　「戦争は海の向こうの話だ」と思うかもしれませんが、しかし、私たちの日常生活の中にも「目に見えない戦争」が繰り広げられているとは言えないでしょうか。貧困、自殺、暴力や虐待、いじめや差別など、私たちの暮らしは「かけがえのなさ」を侵害する、さまざまな事象の脅威に晒されているとは言えないでしょうか。人間福祉が日常性に着目するのは、日常生活の中では、こうした脅威がまるで「何事もなかったかのように」隠蔽されやすいからでもあるの

です。この点で、第6章では、現代の日本社会において、貧困や人権侵害などが日常性に隠蔽され、見えづらくなっているという問題を取り上げています。

　冒頭で、瀬戸内海の島々のような若者たちは他者からの評価に怯えていると述べましたが、それは他者からの眼差しが「何を持っているか」「何ができるか」という「所有から見る眼」である（あるいは、そう感じられる）からだと考えられます。それは、別の言い方をするならば、自分という存在が「かけがえのない」存在として見られていないのではないか、という恐怖感でもあるでしょう。

　童謡「ぞうさん」の作者、まど・みちおが「ぼくがここに」という詩を書いています。それは次のような詩です。

　　ぼくが　ここに　いるとき
　　ほかの　どんなものも
　　ぼくに　かさなって
　　ここに　いることは　できない

　　もしも　ゾウが　ここに　いるならば
　　そのゾウだけ

　　マメが　いるならば
　　そのひとつぶの　マメだけ
　　しか　ここに　いることは　できない

　　ああ　このちきゅうの　うえでは
　　こんなに　だいじに
　　まもられているのだ
　　どんなものが　どんなところに
　　いるときにも

その「いること」こそが
なににも　まして
すばらしいこと　として
　　〔まど・みちお: 1993〕

　私たちの人間福祉学は、この「すばらしさ」を伝えたいと考えているのです。この、人間の尊厳と福祉との関係については、第1章であらためて論じてみたいと思います。

5. 「ささえ合い」を育てるケア──人間福祉と相依性──

　私たちは日常生活の中で互いにケアし合うという関係を持っています。もし仮に人間が鋼鉄のように頑丈な体を持ち、水も食料も必要とせず、故障知らずで何百年も生きられるような存在だったら、あるいはケアなど発生しなかったのかもしれません。しかし、実際にはそうではなく、人間はあらゆる意味で「脆弱性」(vulnerability) を持った存在です。生まれたばかりの赤ん坊に至っては、ケアなしには一日たりとも生きることができないでしょう。だからこそ、人間はケアし合うことで、互いに互いの存在を支え合うという関係を築いてきたのです。もちろん、事情によっては、他者からケアを受けることの方がずっと多い場合や、逆に、ケアすることの方が多い場合もあるでしょう。しかし、厳密に言えば、ただ一方的にケアするだけだったり、ケアされるだけだったりということはないのです。生まれたばかりの赤ん坊は微笑むことによって、植物状態の患者は「いてくれる」ということによって周りの人に喜びや慰めを与えていると言えるからです。この、ケアを通じた「ささえ合い」の関係を守り、育てることも人間福祉の目的だと言えるでしょう（第2章参照）。

　多くの場合、私たちはこの関係を家庭で体得しますが、「ささえ合い」のネットワークは家庭だけにとどまるものではなく、地域社会、国、NPOなど多層的に拡がっています（第4章、第5章参照）。しかし、その一方で、私たち

の社会では、残念なことに、こうした「ささえ合い」の関係が暴力的に切断され、むしろ意図的に潰し合う場合があることも否定できないのです。たとえば、ドメスティック・ヴァイオレンス（DV）や学校でのいじめなどが、その例でしょう（第8章参照）。ささえ合う関係は、「かけがえのなさ」と同様、放っておいて守られるものではないのです。

　さらに言うならば、暴力的な破壊ばかりではなく、誤解や偏見によって危機にさらされることもあります。とくに私たちの暮らす自由社会では、「ささえ合い」が誤解を受けることが少なくありません。自由社会は個人の自律性を何よりも重視する社会ですから、他者に支えられるということが何かの「欠陥」のように見えてしまうことがあるのです。「人間の尊厳」はしばしば、個人の自律性と同一視される場合があるのですが、もしそうだとすれば、他者に支えられることは、すなわち尊厳の欠如した状態だとさえ受け取られかねないでしょう。

　もちろん、意思決定における自律や生活面での自立（以下、便宜上、一括して「自立」と呼んでおきます）は、私たちの人生の展開可能性を拡げてくれるものですから、大切な価値であることは間違いありません。しかし、こうした風潮に呼応して（あるいは引っ張られて）、福祉の役割は、自立という本来あるべき姿に少しでも近付けるよう支援することだと考えるならば、それは人間存在の真のあり方を見誤るおそれがあります。自立は大切な価値ではありますが、人間の「本来の姿」だと言うことはできないからです。

　私たちの周りを見渡しただけでも、自立は社会の一部の人にしか見ることができません。しかも、一般に「自立している」と見られている人であっても、それは人生の一期間の間だけの現象であって、幼児期や高齢期など、支えを必要とする期間というものが必ずあるのです。そればかりか、長い人生の間には、妊娠・出産、あるいは病気や怪我などの予期せぬ事態で、一時的または恒常的に自立性を失うことも珍しくはないでしょう。もっと厳密に言えば、そもそも自立している人など一人もいない、誰もが誰かに何かしらのかたちで支えられて生きているものだと言うべきなのかもしれません。私たちの産業社会が最も生産効率の高い「自立した状態」を称揚するのは、一面、無理もない話ですが、

人間の「本来の姿」は何かと問われれば、やはりそれは「互いにケアし、支え合っている状態」だと言わざるをえないのです。

　もちろん、これと同時に、ただ一方的に他者に依存することが「本来の姿」だとは言いがたいこともまた事実です。あくまで互いに支え合うということ、これによって初めて「ささえ合い」のネットワークは成り立つのです。そこで、近年の英語表現では、この状態を、dependence（依存）でもなければ、independence（自立）でもない、interdependence と呼ぶことが多くなりました。強いて訳せば、「相互依存」ということでしょうが、日本語の訳として、まだ定着した訳語はありません。そこで、ここでは、あえて新しい訳語として「相依性」と呼んでおきたいと思います。「相互依存」という表現には、互いに相手をアテにして「もたれ合う」というイメージがつきまといますが、interdependence がそのような趣旨でないことは明らかです。これに対し、「相依性」にはこのイメージがありません。本来は仏教用語で、この世のあらゆる事象が相互に原因・結果の連鎖をなしているという「縁起」の思想を表現するものですが、一方的にケアしてあげたり、ケアしてもらったりするものではなく、互いにケアし合うことこそが最も自然で自明な状態なのだというニュアンスが共通に見いだされるように思います（第2章、3. ケアの基準、参照）。

　人間は本質的に相依的存在だと言うべきでしょう。しかし、このことそれ自体が、実際には、必ずしも十分に理解されているとは言えないことは上に見たとおりです。日本の社会福祉政策は明治の「恤救規則」（1874年、明治7年）に始まるとされていますが、これに先立つ社会事業の歴史で言えば、さらに古く、たとえば8世紀の「悲田院」のように、古代にまで遡るとされています。しかし、これらの施策がなおも厳密な意味で社会福祉と呼ばれえないのは、これが社会全体での「ささえ合い」という理念に基づくものではなく、天皇や国家から下賜される慈恵的措置として理解されていたということ、つまりは、ケアしていただいているという慈しみの深さを片時も忘れず肝に銘じることが求められていたことのゆえです。こうした「恩恵としての福祉」という観念は、2000年以降の社会福祉基礎構造改革までその名残りが続きましたし、社会意識の面では、いまもって完全には払拭されていないと言うべきかもしれません。

それどころか、構造的な問題を無視して、ただやみくもに自己責任論を強調する風潮は、むしろ逆行とさえ言わなければならないでしょう（第6章、5. 貧困の自己責任論、参照）。これらに対して、私たちの人間福祉学は相依性こそ、人間の「本来の姿」だと考えているのです。

6．ケアと成長

　では、人間はなぜ相依的存在なのでしょうか。動物行動学の観点から見るならば、それは、ひたすら利己を追求するよりも、他者と利益を分け合う関係を結んだ方が結果的に生存可能性を高めるからだと説明されています［小田　亮、2011］。こうした関係を互恵性（reciprocity）と呼びます。互恵性は生物の生存戦略ですから、たとえば仲間同士で餌を分け合ったりするなど、人間以外の動物にも頻繁に見られる現象なのです。私たちの用語で言えば「ささえ合い」ということになるでしょうが、私たち人間の「ささえ合い」は、他の動物たちに見られる互恵的な関係よりも、はるかに広範囲に亘るものであることは言うまでもありません。励まし合ったり、慰め合ったりするなど、人間には文化的に形成された特有のケア交換が見いだせるからです。

　しかし、それ以上に重要なことは、人間の場合、「ささえ合い」を促す本性が感情面にまで深く及んでいるということでしょう［柳澤嘉一郎、2011: 219-244］。別の言い方をするならば、人間は現実の利害打算を超えて、他者への共感のゆえに利他的に振舞うことがあるということです。場合によっては、利他的に振舞うことを喜びとすることさえあるでしょう。おそらく、この人間固有の傾向は、さまざまなボランティア活動を成り立たせる要因にもなっていると考えられます。

　加えて、私たち人間は「ささえ合い」という相互交換的なケア実践を通じて、互いに成長の機会を得ているということも忘れてはならないでしょう（第2章、3. ケアの基準、参照）。いわゆる「虐待の連鎖」などでも指摘されるように、他者をケアする欲求は人間の本性に内在しているとしても、幼少期に他者から

適切なケアを受け、これによってケアすることを学習しなければ、この欲求は発現しないと考えられています。人は愛されることを通じて愛することを学ぶ動物なのです。多くの場合、家庭は私たちが愛することを学ぶ最初の学習の場だと言えるでしょうが、家庭がその機能を果たすためには、単なる生物学的繋がりだけではなく、相互の適切なケア関係の持続が必要だと考えられるのです。

さらに、ケアは、ケアされるものの成長と同時に、ケアするものの成長をも促すという面があると言えます。これまで述べてきたような「かけがえのなさ」や人間の相依性への気付きは、ケア実践の蓄積によって初めて得られる、いわば人格的成長だと考えられるからです。また、相互交換的とは言えないかもしれませんが、私たちは死者やペットへのケアからでさえ、新しい自分に気付かされたり、励まされたり、慰められたりすることがあるのです。これもまた、ある種の成長であると言えるかもしれません。このように、ケアは「ただ生きる」を「よく生きる」へと変えてゆく、人間相互の成長を促す力なのです。

このようなケアのネットワークを適切かつ強力に築き上げた社会こそが最も柔軟で潜在力に富んだ社会であることは、たとえば大災害などで既存の秩序が機能不全に陥ったときなどに明らかになるでしょう。そんな時、日常生活に潜在するケアのネットワークは失われた既存秩序を補完し、修復するものとして浮上してくるのです。

7．「かかわり合い」を癒すケア——人間福祉と関係修復——

最後に、人間福祉は破綻した関係性、あるいは切断された関係性を修復する福祉だということを述べておきたいと思います。「かけがえのなさ」の相互確認、相依的な「ささえ合い」の関係強化とともに、切断された関係性を修復することもまた、ケアという営みの持つ重要な機能の一つです。「ごめんね」「まあ、いいよ」といったような、日常生活の中で交わされる何気ない謝罪や赦免も、私たちの関係性を修復し、柔軟さを取り戻すという意味では、とても大切なケアの相互交換なのです。しかし、ケアの修復機能はこれだけではありません。

そもそも、法や道徳などの既存秩序には関係性を切断するという機能が本質的に備わっていると言えます。たとえば、刑事法は違法と合法との境界線を引き、故意に違法行為を行なった者に制裁を科すということを行ないますが、そこには同時に、違反者を関係性のネットワークから排除するという切断的機能が必然的に伴います。この点では道徳も同様で、道徳もまた、ルールに反した者に対して何らかの社会的制裁を加えることで、やはり関係性を切断するのです。

　もちろん、これらの機能が社会の秩序を維持するうえで不可欠なものであることは言うまでもありません。しかし、社会の秩序はただ関係性を切断するだけで成り立つものではないのです。あるいは、こう言ってもよいかもしれません。仮に、ただ関係性の切断だけで維持されている秩序があったとしても、それは「かけがえのなさ」を見つめることのできない硬直した秩序、人間的な血の通わない冷たい秩序だと。そしてさらに、私たちの社会には、差別や偏見といった不幸な切断的機能があることにも目を背けるわけにはいきません。秩序というよりは因習と呼ぶべきでしょうが、これらもまた何らかの意味で体制を維持するために関係性を切断するのです。

　ケアのネットワークは、法や道徳などの秩序、あるいは差別や偏見などの因習の持つ、関係性の切断的機能とは逆に、関係性を再び回復する修復的機能を果たすことで、社会秩序にしなやかさを取り戻します。現代の福祉学では、ケアのネットワークの持つ、こうした機能を「ソーシャル・インクルージョン」(social inclusion; 社会的包摂)という言葉で呼ぶことが多くなっています。

　ソーシャル・インクルージョンは福祉の領域で用いられるようになった言葉ですが、最近では、切断的な機能を持つ法律の領域でも、ケアの持つ修復的な機能が注目され、部分的に取り入れられるようになりました。その一例を紹介しておきましょう。それは、「修復的司法」(reparative justice)と呼ばれる試みです。

　一般に、裁判の場では、一方の当事者と他方の当事者（民事ならば原告・被告、刑事ならば検察・被告人）とが対立関係に立って争います。つまり、法を根拠として、まさに「勝ち・負け」の決着を付けるわけです。しかし、こうした方式は、正義が実現する一方で、多くの人びとの心を壊してしまうことが指

摘されています。加害者は、「負け」を認めても、「罪」を認めることが難しいかもしれません。被害者は、裁判で「勝ち」を得ても、裁判過程で多くの心の傷を負ってしまうのです。修復的司法は、犯罪を正・不正の問題としてではなく、関係性の破綻の問題として捉え、加害者・被害者双方の関係性を修復することを目指しています。つまり、加害者には謝罪を促し、被害者には赦しを促すことで、双方ともに新たな社会生活に歩み出せるようにしようというのです。これもまた、更正促進によるソーシャル・インクルージョンの試みであると言えるでしょう。

　「かかわり合い」の癒しは、あらゆる場、あらゆる次元で行われる（あるいは、行われるべき）人間福祉です。大きく言えば、人間と自然とのかかわり合い、あるいは、現在世代と将来世代とのかかわり合い、これらを癒すことも大切な課題でしょう。しかし、私たちの、ほんとうに身の回りにも、かかわり合いの癒し、ソーシャル・インクルージョンの問題は必ずあるはずです。さまざまな理由で社会との絆が切れてしまった人たちへのケアは、私たちの日常生活で問われている「かかわり合い」の癒しだと言えるのではないでしょうか。

【参考文献】
・アリストテレス、高田三郎訳『ニコマコス倫理学』岩波文庫、1971年
・まど・みちお『ぼくがここに』童話屋、1993年
・小田亮『利他学』新潮選書、2011年
・柳澤嘉一郎『利己的な遺伝子　ヒトにモラルはあるか』筑摩選書、2011年

第1章
人間の尊厳と福祉

1. はじめに

　近年、社会福祉の目的を「人間の尊厳」の実現・保持にあるとする例が見られるようになりました。そのいくつかの例をあげるならば、まず最も代表的なものとして、1975年に国連総会で採択された「障害者の権利宣言」があります。この宣言は、「障害者は、人間としての尊厳が尊重される、生まれながらの権利を有している」(第3条)と述べ、尊厳あるものとして扱われることを人権として確認しています。また、これに先立つ1970年の、わが国の「障害者基本法」も、その基本理念として「すべて障害者は、個人の尊厳が重んぜられ、その尊厳にふさわしい処遇を保障される権利を有するものとする」(第3条)と規定し、人間の尊厳に言及していました。さらに、わが国の社会福祉事業の基本法とも言える「社会福祉法」も、「福祉サービスは、個人の尊厳の保持を旨とし……」(第3条)と規定し、人間の尊厳の保持があらゆる福祉サービスに共通する基本理念であることを確認しています。

　しかし、そもそも「人間の尊厳」とは何なのでしょうか。一見、自明な言葉のようですが、あらためてそう問われると、その意味内容をうまく説明するのは、案外、むずかしいことかもしれません。「人間の尊厳」という言葉は内容豊富なようでいて、実は内容のない、美辞麗句の類にすぎないといった冷やや

かな批判もあるくらいです。もしそうだとすれば、社会福祉の目的は人間の尊厳だと言ってみたところで、実は、何も語ったことにならないということになるでしょう。そこで、この章では、「人間の尊厳とは何なのか」「なぜ人間の尊厳は社会福祉の目的だと言われるのか」ということについて考えてみたいと思います。まずは、この言葉の歴史をしばらくたどってみることにしましょう。

2．「人間の尊厳」の歴史

古代・中世

　日本語の「人間の尊厳」という言葉は、英語のhuman dignityなどを翻訳してつくられた言葉ですが、もっと古くは、古代ローマで使われていたラテン語に遡ることができます。dignitas humana、あるいはdignitas hominisという言葉です。dignitasという言葉は当時のローマ人が好んで用いたもので、その意味は「気高さ」とか「威厳」とかというものでした。そして、とくに身分の高い男性が身なりや態度・言動などによっておのずと周囲に感じさせる「高貴さ」「威厳」などを指す言葉でした。dignitasは人が生まれながらに持っている性質ではなく、勇気や正義感などと同様、特別な道徳的習慣づけの結果体得される美徳だと考えられていたようです。とくに貴族は、道徳的習慣づけによって態度・言動の高貴さを養うことが求められていました。この、貴族の美徳だったdignitasを人類全般に当てはめ、人間は他の動物とは異なる高貴な存在、礼儀をもって尊敬されるに値する威厳を持った存在にならねばならないとの意味を込めて「人間の尊厳」という言葉が用いられるようになったのでした。

　中世のキリスト教全盛期になると、この、他の動物とは異なる人間の高貴さは、神が人間をみずからの姿に似せて創ったことに由来すると考えられるようになりました。旧約聖書『創世記』には次のように述べられています。

　　「神は言われた。『我々にかたどり、我々に似せて、人を造ろう。そして海の
　　魚、空の鳥、地の獣、地を這うものすべてを支配させよう。』神は御自分にかた
　　どって人を創造された。……」[『創世記』1章27〜28節]

この、神から与えられた格別の価値が「尊厳」と呼ばれたわけです。13世紀のスコラ学者トマス・アクィナス（Thomas Aquinas; ca.1225-75）は、他の被造物は「ほかのもののためにどれだけ役に立つか」という、「有用性」（utilitas）によって価値が測られるが、ひとり人間のみは「それ自体で」価値を持つ、つまりは他のものと比較不可能な価値を持つ、これが「尊厳」（dignitas）と呼ばれる価値だと述べています。トマスの「尊厳」という言葉の用法は、現代でも通用するものでしょう。「あるものが価値を持つ」という場合、AはBより価値が高いとか、低いとかと比較することができますが、

コラム　オヤジの忠告としての「人間の尊厳」

「人間の尊厳」という言葉の、現存する最古の用例は、キケロ（Cicero; B.C.106-43）の『義務について』（De Officiis）と呼ばれる書簡に見られるものだとされています。かのカエサルが暗殺された紀元前44年、キケロが、遠くアテネの地で勉強する息子にあてて送った書簡でした。そこでキケロはこう述べています。

キケロ

「やらなければならないことを考える際、大切なのは、人間の本性が快楽しか感じることのない家畜や野獣よりもいかに優れたものであるか、肝に銘じておくことだ。……肉体の悦びは人間の尊厳にとってあまり価値のあるものではないと言える。……人間の本性にある卓越さや尊厳が何であるかを考えれば、贅沢におぼれたり、甘えただらしない生活をするのは恥ずべきことであり、倹約的で節度のある、厳格で落ち着いた生活こそ誉むべきものだということが分かるだろう」［Cicero, De Officiis: 105-107］。

ここにはキケロのストア的な人間観がよく示されていると言えるでしょう。キケロは、自然の欲求のままに生きる動物と、自然の欲求を理性によって制御し、節度を持って生きることのできる人間とを対比し、理性的コントロールの能力こそが他の動物には見られない、人間固有の気高さ、つまりは人間の尊厳だと述べているわけです。留学先でハネをのばす息子にとっては耳の痛い、オヤジの忠告だったかもしれませんが、現代のわたしたちにとっても大切な忠告ですね。

「ある人が尊厳を持つ」という場合、AはBより尊厳が高いとか、低いとかと比較することができないわけです。尊厳を持つものはみな等しく尊いのです。

中世キリスト教の「人間の尊厳」論は、高貴な人が持つべき美徳として語られるのではなしに、身分の貴賤にかかわりなく、すべての人が「神に似せて造られた」がゆえに等しく持っている天賦の価値として語られている点で新しい展開だと言えます。同時に、「人間を利用価値によって測ってはならない」、あるいは「人間を物や動物のように扱ってはならない」などの倫理的要請を導き出した点は、現代にまで受け継がれる大きな功績だと言えるでしょう。ただし、これとは逆に、まるで人間が自然界の支配者のように描かれており、これは西洋キリスト教文明の致命的欠陥だと言われることがあります。これについては、のちに考えることにしましょう。

ところで、人間が「神に似せて造られた」とは、どのようなことを意味するのでしょうか。これについてトマスは、人間は「自然本性上、自由であり、自己自身のために存在する」からこそ尊厳を有すると、述べています［トマス、1985、第2部第2編64問2項］。つまり、自然法則に従うほかない物質や、本能に従うほかない動物と違って、人間はみずからの自由意思によって行為の選択ができる、地上で唯一の存在である、それはまさに神と共有する特質であって、このことこそ人間が「神に似せて造られた」ということの意味だと言うのです。

このように、中世においては、人間の尊厳はあくまで神が与えたものであり、およそ神なしには人間の尊厳などありえないものでした。また、中世の人々にとっての自由も、神の造り給うた宇宙の秩序に参加することであって、決してどんな秩序に従うかは人間が勝手に選べるのだとか、何が善で何が悪かは人間が勝手に決められることだ、という意味ではありませんでした。しかし、やがてルネサンス期に至ると、人間はそれ自体で尊厳があると考えられるようになり、自由についても人間の無限の可能性を意味するようになっていったのでした。

ルネサンス期

15世紀のイタリア・ルネサンス期には、「人間の尊厳」という言葉が一種の

「流行り文句」として文献のタイトルなどによく用いられたようです［佐藤、1981: 96］。なかでもよく知られているのは、ピコ・デッラ・ミランドーラ (Pico della Mirandola; 1463-94) の『人間の尊厳について』(De hominis dignitate) というものです。おもしろいことに、このタイトルは著者自身がつけたものではなく、しかも、本の中に「人間の尊厳」という言葉は一度も用いられていません。にもかかわらず、この文献はルネサンス期の「人間の尊厳」観をよく伝える代表的なものとして評価されるようになりました。

著書の中で、ピコはこんな創造物語を語っています。創造主である神は万物にそれぞれ占めるべき地位を与えた。ところが、最後に創造した人間については、もはや与えるべき地位が残っていなかった。そこで神は人間に自由意思 (arbitrium) を与え、好みのままに自分の占める地位を決定できる存在にした、というのです。天使でしかありえない天使や、獣でしかありえない獣と違って、人間は自由の使い方しだいで天使にも、獣にもなれる、まるでカメレオンのような存在だと彼は述べています［ピコ、1985: 18］。

創造物語のかたちをかりてはいますが、ここでは、もはや人間は宇宙の秩序の一部分ではなく、むしろそこから特権的にハミ出した存在として語られ、自由意思の万能性が無条件に肯定されていることが分かります。かくして、万能の自由意思こそが人間に尊厳があることの証拠だと考えられるようになったのでした。

近代になると、自由意思を持つことこそ人間の尊厳だとする考え方に平等思想が付け加わり、「人権宣言」や各国の近代憲法の基礎となっていきました。ことに、ルネサンス期の「人間の尊厳」観と近代啓蒙思想とを橋渡しした人物としては、サミュエル・プーフェンドルフ (Samuel von Pufendorf; 1632-94) が重要です。このような近代の「人間の尊厳」観は、これまでの古代・中世の「人間の尊厳」観とは違って、権利を要求する根拠として「人間の尊厳」という言葉を用いていると言えるでしょう。

さらに、現代の「人間の尊厳」論に最も大きな影響を与えた人物として、イマヌエル・カント (Immanuel Kant; 1724-1804) がいます。次に、カントの「人間の尊厳」論について、いくぶん詳しく見ておきましょう。

3．カントの「人間の尊厳」論

カントの人格論

　カントは、その著『道徳形而上学原論』において、私たちの行為が真に道徳的であると言われるためには、どのような条件が必要かを検討しました。そして、カントによれば、ある行為が真に道徳的であるためには、単に「義務に適って」いるだけではなく、「義務に基づいて」いなければならないと言います［カント、1976: 30 以下］。たとえば、見つかったら処罰されるから盗みはしないとか、人に褒められたいから困っている人を助けるといった行為は、たしかに「義務に適って」いるとは言えますが、結局は利己的な動機でしかないので、「義務に基づいて」いるとは言えず、道徳的には評価できないと言うのです。「義務に基づいて」いると言えるためには、「盗みをするのは悪いことだから盗まない」とか、「困っている人は助けるべきだから助ける」というような、無条件の行為、他の目的のためではなく、その行為を果たすことそれ自体が目的となっているような行為でなければならない、というのがカントの考え方です（これを「定言命令」と言います）。そして、このような行為のできる存在を、彼は「人格」（Person）と呼んだのでした。

　したがって、人格は当然に人間でなければなりません。モノや動物など、そもそも自由意思を持たないものは義務に基づいて行為することができないからです。しかも、義務に基づいて行為するためには、自分の内面にしっかりとした善悪の道徳律を持ち、人の意見に左右されたり、欲望に惑わされたりすることなく、自分が正しいと信じたことを貫き通すだけの強い意志が必要だということになるでしょう。カントの言う「人格」とは、このような自律した道徳的主体のことであり、人格を持った存在であることこそが人間の尊厳にほかならなかったのです。

カント哲学の二面性

　カントの「人間の尊厳」論は、自由意思こそ人間に尊厳があることの証だと

いうことですから、その限りで、近代的「人間の尊厳」論に連なるものだと言えます。しかし、同時に彼は、人間の尊厳は「他者を自分の目的達成のための手段として利用してはならない」とか、「他者をモノや道具のように扱ってはならない」などといった道徳的要請を導き出すものだとも考えていました。人格は、他者もまた人格として扱わなければならない。「他者を人格として扱う」とは、値段のつけられるような手段や道具としてではなく、値段のつけられない価値（これが「尊厳」と呼ばれる価値です）を持った最終目的として扱うことだ、とカントは言います［カント、1976: 103］。

　この両者は当然に表裏一体のものだと考えることができますが、場合によっては、矛盾してしまうケースも考えられます。たとえば、自殺の場合を考えてみましょう。人を値段のつけられない価値を有する存在と見ることが人間の尊厳の尊重だと言うならば、自殺はこの命題に反するように思われます。ところが逆に、自律した人格の自己決定を尊重することが人間の尊厳の尊重だとするならば、自由な意思決定のもとに行われる自殺を禁止することは、むしろ尊厳の侵害ということになりそうです。事実、人格の自律性を何よりも大切にするオランダでは、自己決定する力を失ったら、その時点で人は人としての尊厳を喪失するのだと理解し、安楽死すること（みずから自殺薬を飲むこともあります）を法的に認めているのです。これはすぐれて自由主義的な「人間の尊厳」観だと言えるでしょう。イギリスの法理学者ジョセフ・ラズは、「人間の尊厳を尊重するとは、将来を計画し、構想する能力ある存在として人間を扱うことである。つまり、各人の尊厳を尊重するとは、各人の自律性を尊重することであり、将来を自己の管理下に置く権利を認めることである」と述べています［Raz, 1979: 221］。ところがカントは、たとえ自由な意思決定だったとしても、自殺することを認めませんでした。自殺は自分というものを苦痛な状態から逃れるための手段として用いることだ、というのです［カント、1976: 104］。つまり、人格を手段化・道具化してはならないという道徳的要請は、他者だけではなく、自分自身にも適用されるということです。このほか、みずからの自由意思に基づいて奴隷的拘束を受け入れた場合、これを認めることの方が当人の尊厳を尊重したことになるのか、禁じた方が尊厳の尊重になるのか、といった

問題を考えてみてもよいでしょう。カントの意見は自律性といえども絶対ではなく、人間の尊厳に適った、他の人も採用できるような普遍性を持ったものでなければならないというものでした。2つの「人間の尊厳」観のバランスを取ろうとしていたわけです。

カントと現代社会

　中世に生きた人々は、その地域に伝わる伝統や慣習に、とくに疑問を持つことなく従い、問題が生じれば教会の神父様の教えに服従するといった、まことに受動的な生き方をしていました。こうした生き方はかたちや程度の差こそあれ、どこの国にも共通して見られるものだったと言ってよいでしょう。これと比べてみれば、みずからの決断と責任によって、みずからの人生を創り上げていくというカントの人格論は、近代的人間像に哲学的な基礎づけを与えるものだったということが分かります。のみならず、カントは、近代社会がやがては直面するであろう危機、つまりは現代の私たちの社会が、いま、まさに直面している危機をも鋭く予言するものだったと言えるのではないでしょうか。

　私たちの生きる近代資本主義社会においては、商品として交換価値を持つものこそが「価値あるもの」とみなされるため、たえず、より高い交換価値を持つものを、より多く、より効率的に産出することを求められています。このような社会のあり方は、ともすれば当人の生産物を超えて、当人それ自体が交換価値で測定されてしまうという、人間の商品化現象を招くものだと言えるでしょう。カントが、交換価値で測定できるモノや道具と、交換価値では測定できない、つまりは尊厳という価値を持つ人間とを厳しく峻別しようとしたことは、ありとあらゆるものを貪欲に根こそぎ商品化しようとする現代社会の危機を見越していたかのように感じるのです。

　しかも、高度情報化社会という美名のもとに、私たちは、朝、目覚めてから夜、眠りに就くまで、たえず刺激的なコマーシャリズムの洪水にさらされ、欲望を煽られ続けています。みずから商品やサービスを選択しているつもりでも、実は、欲望を強引に掘り起こされ、欲望に引きずり回されているのかもしれません。欲望に隷従することなく、むしろ欲望を理性の支配下に置いてこそ自律

した人格たりうるのだというカントの教えは、これまた時代を先取りした、現代社会への警鐘として見ることができそうです。

　すべてが商品化される社会、たえず新たな欲望が掘り起こされる社会、効率性を競わされる社会、人間が十把一からげに扱われる社会——こうした現代社会のあり方に対する危機感と反省が、いま、さまざまな領域において、人間の尊厳を再び想起させているのではないでしょうか。近代の初頭において人間の尊厳の重要性を説いたカントは、現代社会の危機の予言者的な性格を持っていたと言えるでしょう。

カント哲学の限界

　しかし、カント哲学にも問題がないわけではありません。理性によって統御された自由意思を持ってこそ人格だというカントの人格論を見る時、私たちの社会には、このような要件を充たしえない多くの人々が存在していることに気付くはずです。幼児、高齢者、病者、障がい者の多くは、カントの言う人格たりうることができないと言うべきでしょう。カント的人格のみで構成された社会というものは、現実には存在しえない仮想の社会なのです。このことは、基準を引き下げて、人格たりうる要件を緩和してみたところで、やはり社会の中に人格を持つ人と持たない人との二分法をもたらすという点では変わりがありません。結局のところ、理性を持っているか否か、自由意思を持っているか否かなど、「何かを持っているか」によって人格か否かを認定し（これを「パーソン論」と言います）、尊厳を見いだそうとする限り、しかじかの能力を所有しているか否か、あるいは、どれだけ所有しているかという相対的尺度で人間の価値を測定せざるを得ないことになるわけです。このことは、人間の価値を相対的尺度で比較することはできないというカント自身の信念に反しますし、本来「目的」であるべき人間を容易に「手段」に転化してしまう危険をはらむものだと言うべきでしょう。

　さらに、現代の功利主義哲学者ピーター・シンガー（Peter Singer）の批判もあげておきましょう［シンガー、1998］。彼の批判は、カント哲学に向けられたものというよりは、西洋哲学の根本前提に対して疑問を提起するものでし

た。彼によれば、そもそも「人間の尊厳」という発想そのものが幻想だと言うのです。この世のありとあらゆる生物種の中で、ひとり人間のみが選び別れた特別な存在であり、尊厳という独特の価値を有していると考えるのは、キリスト教の創造説話に由来する神話にすぎず、合理的な根拠を持っていない、しかも、これは単なる神話ではなく、人間中心主義の傲慢を生み出す、タチの悪い神話だと言うのです。人間のみが他のあらゆる生物種より優れており、人間のみが自然界を支配できると考えるのは、他の生物種を差別する、人種差別（racism）ならぬ生物種差別（speciesism）の思想である。むしろ、あらゆる生物種が等しなみにこの地上において生きる権利を有しているのであり、人権（human rights）なるものも、すべての生物の有する動物権（animal rights）の一部分でしかない、というのが彼の主張です。すでに見たように、西洋哲学は、キリスト教に限らず、ギリシア・ローマ思想にあってすでに、動物に対する人間の優位性を説くものでしたから、シンガーの主張は、たしかに西洋哲学の根底を揺るがすものだと言えるでしょう。

　仏教がしばしば「人間の尊厳」という表現を避け、「生命の尊厳」という表現を用いる傾向があるのも、生きとし生けるものすべてが内在的に「仏性」を持つと説く仏教思想の表明であるとともに、西洋哲学の有する人間中心主義への静かな批判がこめられているのかもしれません。あるいは、「障害者基本法」や「社会福祉法」など、日本の法律の文言が「人間の尊厳」とは言わず、「個人の尊厳」という表現を用いているのも、ひょっとすると「人間の尊厳」という表現に西洋的、あるいはキリスト教的な偏りを感じているからかもしれません。人間社会の利便性向上のみを考えた、近代のテクノロジー発達と比例して起こった生物種の急速な減少や自然環境の加速度的な破壊などを考えれば、シンガーの痛烈な批判には否定しがたい説得力があるはずです。

　しかし、興味深いことに、あらゆる生命の平等性を説く仏教やジャイナ教などとは異なり、シンガーの功利主義哲学は無条件な生命の平等性を説くものではありませんでした。たしかに、人間と他種生物とを区別すべき根拠はないとは言いますが、彼は、生命には尊重に値する度合いに段階があると言うのです。苦痛を感じることのできない生命体よりは苦痛を感じることのできる生命体、

さらには、みずからの死を予見できない生命体よりはみずからの死を予見して恐怖しうる生命体の方が、より尊重に値するとします。快・苦の感受性を尺度としようというところがいかにも功利主義的であるわけですが、このような生命価値の測定方法は、結局のところ、人間の優位を帰結するでしょう。のみならず、「種」という枠組みを否定するシンガーの理論は、みずからの死を予見する能力を持たない人間の幼児よりも、死を予見できる成熟したサルの方が生命体として価値が高いとすら主張します。みずからの死を予見する能力を持たない重度の知的障がい者についても同じことが言えるでしょう。

このように見てくると、人間中心主義批判という、一見、説得力のあるシンガーの問題提起も、実はその反転として、人間の生命価値を相対化し、人間相互間の差別主義を生み出してしまうものだということが分かります。結局のところ、カント哲学を批判するシンガーも、「何を感じる能力を持っているか」といった、いわば「所有の論理」でもって人間社会を二分化してしまうという点では、カントと同様の問題を有していることになるわけです。人間福祉の最終目的、基本理念となるべき人間の尊厳は、「所有の論理」とは異なる、別の論理でもって理解されなければならないでしょう。それが、次に述べる「存在の論理」です。

4．存在の論理

ペルソナという考え方

カントが、自律した理性的主体を表す言葉として用いた「人格」という概念は、本来、キリスト教神学で用いられた古い歴史を持つものでした。それは「ペルソナ」(persona) という言葉で、語源的には、演劇で使われる「仮面」を意味する言葉だったといいます。そこから発展して、仮面によって区別される「配役」を意味するようになり、さらには、社会において各人の果たす「役割」を意味するようになりました。社会生活の中で、私たちは、ちょうど舞台に立つ役者のように、仮面をつけ、それぞれの役回りを演じているのだといっ

たニュアンスでしょう。キリスト教神学はこれを教義に取り入れ、三位一体論（さんみ）（同一の神が、父なる神・子なるキリスト・聖霊という3つの現れ方をするのだという教義）を説明しました。

　カントが用いた意味での「人格」とは異なり、キリスト教の人格論は、ペルソナという言葉の持つ本来の意味を地上に生きる一人ひとりの人間にあてはめたものです。すなわち、すべての人は、他の人によって代替することのできない、固有の役割＝ペルソナを付与されてこの世に送られて来たのであり、たとえその境遇がどのようであれ、たといかなる人生の軌跡をたどろうとも、この地上には無用な人、存在理由のない人というものはいないのだという信仰です。私たちは人の手によって作られた様々な尺度によって個人の価値を測定したり、人生の意義を比較したりしますが、それらの尺度は神の目から見ればおよそ意味のないものであって、人の目には価値なきものに映ろうとも、すべてのいのち、すべての人生には、無類の価値と固有の存在意義がこめられていると考えます。これが、すべての人は人格を有するということの意味です。したがって、人が人格を持つとは、何かの能力や資格を有するがゆえにそう認定されるのではなく、すべての人はこの地上に一個の「いのち」として存在しているという、ただそれだけですでにペルソナ＝人格なのです。人格は高かったり低かったりすることもなければ、獲得したり喪失したりすることもありません。カント的な人格論が「所有の論理」だとすれば、このような考え方は「存在の論理」に立った人格論だと言えるでしょう。

「存在の論理」に立った人間の尊厳論

　「存在の論理」に立った人格論からは、人間の尊厳は次のように理解されるでしょう。

　第1に、すべての人は、その能力・境遇・経験のいかんにかかわらず、他の存在によって代替することのできない唯一性を有しているということ、これが人間に尊厳があると言われるゆえんです。日本語では、しばしば「かけがえのなさ」という言葉で表現されるものです。人間の話ではありませんが、アメリカでは可愛がっていたペットが死んだ時に備えて細胞を保存し、死後、クロー

ニングによってペットを再生しようという試みがあります。この試みについて日本でアンケートを行なったところ、実に、81％の人が「ノー」と答えたという統計があります。なかでも最も多かった答えは「死ぬからこそ、いのちは大切だ」というものでした。この答えをもう少し正確に言うならば、いのち（人間はもとより、あらゆる動物のいのち）は、一回性・不可回帰性を持ったものであり、一度失われれば永遠に回復することができないというところにこそ尊さがある、かりにクローン個体をつくり出したとしても、それは唯一性を持った「あの人」「あの個体」を復元することにはならないのだ、ということでしょう。生命価値の軽視が問題にされているとはいえ、全体として見れば、まだまだ日本人には「かけがえのなさ」という直感が共有されているのだと思います。

　第2に、唯一性を持った人格の価値は、それぞれに絶対なので、実用性とか効率などといった相対的尺度で測定したり、比較したりすることができないということです。この点は、「所有の論理」に立脚した人格論と最も異なる点だと言えるでしょう。カトリックの回勅『いのちの福音』は、この点を次のように述べています。

　　「人間の尊厳の基準は――これは、尊敬、寛容さ、奉仕を求めますが――能率、実用性、有益性に取って代わられています。すなわち、他の人々は、彼らが『そうあるもの』としては受け取られず、『何を持ち、何を行い、何を生産するか』の視点で見られるのです。これは弱者に対する強者の支配にほかなりません。」［教皇ヨハネ・パウロ2世、2008: 第23項］

　「そうあるもの」、つまり存在そのものとして見られるのではなく、「何を所有しているか」によって人間が見られる時、人間の価値は能率や実用性などの相対的尺度で測られるようになる、それは社会の中に「強者」と「弱者」との対立を生み出し、強者による弱者の支配を正当化してしまうのだということです。人格の価値は相互に比較不可能だという観点からするならば、社会的・経済的に有利な条件にある人と不利な条件にある人とが存在することは事実として認めるにしても、その価値において、本質的な意味で強者と弱者が存在する

わけではないと言わなければなりません。社会は、すべての構成員がその各々のペルソナを発揮することによって過不足なく成立している共同体なのです。よくあげられる喩(たと)えですが、社会はジグソーパズルのようなものだと言えるかもしれません。それぞれのピースはみんな違った形をしていて、大きいものもあれば小さいものもある。形の整ったものもあれば、いびつなものもある。しかし、すべてのピースはその形のままで、いや、その形であるからこそ、ジグソーパズルは過不足なく完成する。「存在の論理」から見た社会とはそのようなものだということです。大きくて形のよいピースはパズルを埋めていくのに効率的かもしれませんが、人間の共同体という複雑なパズルを完成に導くという保証はないのです。人格の唯一性や比較不可能性からは人間の平等性が必然的に帰結しますが、万人が平等なのは、すべての人がみんな同じだからではなく、すべての人がみんな異なっているから平等なのだと言うべきでしょう。ジグソーパズルのピースはみんな形が異なっているからこそ、すべて平等な価値を持っているのです。

　第3に、カントが定式化したように、人格の価値は他と比較することができないため、自己であれ、他者であれ、人格を手段として用いたり、道具化したり、商品化したりすることができないということです。すでに指摘したように、カントの「人間の尊厳」論には人格の自律性と手段化の禁止という二面性があるわけですが、一口に欧米社会と言っても、アメリカやイギリスなど、自由主義の浸透した社会では、人間の尊厳と言えば自律性のことを意味しています。これに対し、フランスやドイツなど、共同体主義の伝統のある国では手段化の禁止が強調されているようです。手段化や道具化、ひいては人が人を商品化することさえ起こりうる現代社会にあっては、この要素は、やはり人間の尊厳の不可欠な要素だと言うべきでしょう。

　第4に、人格の非操作性ということも人間の尊厳の一要素だと言えます。つまり、ペルソナは獲得するものではなく、与えられるものですから、これまた自己、他者を問わず、人格は自分の都合や利便性のために勝手につくり変えることのできないものだということです。こんにち、遺伝子操作や高度の生殖医療・終末期医療などの出現によって、ほとんど人間の「製造」あるいは「改造」

に等しいような人為的操作が可能になりました。私たちは、まるで、みずからの生物学的宿命さえハイテクを駆使して超克してしまおうとしているかのようです。こうした恣意的操作は、シンガーの指摘のとおり、自然界において本来占めるべき位置を見失った人間の奢りであり、みずからその尊厳を損なうものだと言えるでしょう。

　自分の都合や目的達成のために人格を手段化したり、道具化したりすることは、広い意味で人格を操作することだとも言えますから、人格の非手段性と非操作性は同じことなのかもしれません。ただ、現代の生命操作の発達の結果、「いのちを操作してはならない」ということが、とくに強調されるようになったことを考えれば、独立の要素として扱うことも許されるでしょう。

　もう1つだけあげておきましょう。第5に、人格には可塑性があるということも人間の尊厳の要素です。すなわち、人格は変わるものだし、変わりうるものだということです。ある意味で、人類の共通遺産と言えるような芸術作品も、唯一性、かけがえのなさを有しているわけですが、可塑性という要素は、やはり人間固有だと言えるでしょう。ダヴィンチの傑作『モナリザ』が、かけがえのない価値を持ちうるのは、変わらないからであって、どんな傑作でも変わってしまえばその価値を失ってしまうのです。ところが、人間は変わりうるから尊いのだと言える唯一の存在だと言えるでしょう。フランスの哲学者パスカル（Blaise Pascal; 1623-62）は、人間の悲惨さと偉大さについて、こう書き記しました。

　　「心を揺さぶり、咽喉を締めつけるような、あらゆる悲惨を見せつけられようとも、われわれは、みずからを高めようとする抑えがたい本能を持っている。」
　　［パスカル、1973: 第411項］

　たとえ悲惨で絶望的な状況であっても、なおもそれを乗り越えようとする希望を抱き続けるところに人間の偉大さがあると言うのです。パスカルは、たえず変わりゆく可塑性を持っているところに人間の尊厳を見たのでした。あるいは、人間はたえず成長し続けるものだと言ってもよいでしょう。このことは、先にあげた人格の非操作性と矛盾するように見えますが、決してそうではあり

ません。人を（たとえば、子どもを）自分の操作可能な支配下に置こうとすることは、その人の人格の可塑性、潜在的な可能性を否定することにほかならないからです。人格は、変わるものではあるけれども、恣意的に変えてはならないものなのです。その人の状況がどうあれ、すべての人は変わりうる可能性を持っており、誰もが潜在的な力を秘めていると信じることこそが、その人に人間としての尊厳を認めることなのではないでしょうか。

　人間の尊厳には、ほかにも様々な要素があるでしょう。ここでは、とくに福祉の問題を考えるうえで重要だと思われるものだけをあげてみました。人間の尊厳をこのように捉えてこそはじめて、福祉の目的は人間の尊厳の維持・実現にあるということの意味が正しく理解できるのだと思います。

5．福祉のなかの人間の尊厳

権利の根拠としての人間の尊厳

　まことに大雑把な言い方ではありますが、20世紀以降発達した社会福祉も、やはり、近代的「人間の尊厳」論と同様の「所有の論理」に立脚していたと見ることができると思います。すなわち、社会福祉は「社会的強者」という「持てる者」が、「社会的弱者」という「持たざる者」を引き上げ、もって実質的平等化を図ろうとする営みとして理解されてきたのです。それは、社会には「所有の論理」によって査定された強者と弱者とがいるのだという二分法を前提とした発想だったと言えるでしょう。

　しかし、すでに見たように、現代の社会福祉（私たちは、これを人間福祉と呼びます）は、そもそも社会に強者と弱者が存在するという発想そのものを否定するのです。知的・精神的・身体的にいかなる状態にあるにせよ、万人は、まさにこの地上に「いのち」として存在しているということそれ自体で、かけがえのない価値と潜在的可能性を持った強者なのであり、同時に、どこかに弱さを持ち、いつかは他者の助けなしには生きられない弱者なのです。ノーマライゼーションとは、強者が弱者を社会へとノーマライズすることではなく、社

会を強者も弱者もない世界へとノーマライズすることだと言えるでしょう。すべての人が強者であるとともに弱者であり、したがって、すべての人が福祉の主体であるとともに、その客体でもある社会こそがノーマライズされた社会、つまりは「当たり前な社会」なのだと見るのが人間福祉の見方です。

わが国の「ソーシャルワーカーの倫理綱領」は、ソーシャルワーカーの活動を支える5つの原則の第1として「人間の尊厳」をあげ、この点を次のように表現しています。

> 「ソーシャルワーカーは、すべての人間を、出自、人種、性、年齢、身体的精神的状況、宗教的文化的背景、社会的地位、経済状況等の違いにかかわらず、かけがえのない存在として尊重する。」

福祉国家では、すべての人が尊敬に値する生活ができるような社会条件の実現を国に要求する権利（生存権）を持っており、国はそのような条件を実現する責務を負っています。こうした権利の根拠にあるものは、やはり人間の尊厳でしょう。

しかし、国家がすべての人の尊厳ある生を保障するとは、どういうことなのでしょうか。この点について、近年、注目されている概念として「ケイパビリティ」（capability、「可能力」などの訳があります）という考え方があります。「所有の論理」を前提とした、かつての社会福祉においては、財や衣食住や医療などの資源をすべての人にまんべんなく行き渡らせることを何よりも重視していました。もちろん、平等な配分が重要であることは言うまでもないのですが、しかし、それだけでは各人の尊厳は保障されません。なぜなら、人によって必要な資源が異なるばかりか、もっと重要なことに、その資源をどれだけ利用できるかは、人によってまったく事情が違うからです。たとえば、自由に通行できる道を敷設しても、ただそれだけでは、歩行に障がいを持つ人は「自由に通行」できないという問題を考えてみればよいでしょう。各人の尊厳を保障するとは、ただ単に資源を平等に配分することではなく、その資源を用いて生を豊かにする力が平等に保障されることでなければならないのです。この、生を豊かにする力を「ケイパビリティ」と呼びます。国家は、各人のケイパビリ

ティを守り、養うための施策を行うことが義務付けられているのです。

　アマルティア・セン（Amartya Sen）とともに、ケイパビリティという考え方を推進しているマーサ・ヌスバウム（Martha Nussbaum）は、国家が各人に最低限保障すべきケイパビリティとして、次のようなものをあげています［ヌスバウム、2012: 91-92］。

① 極端に早死にすることなく、いのちを保てること。
② 適切な栄養が得られ、適切な住居を持てること。
③ 理由なき暴力を受けずに暮らせること。
④ 想像力や論理的思考力を養うための適切な教育を受けること。
⑤ 自分を愛してくれる人を愛することのできる情緒性を養えること。
⑥ 人生を計画的に設計できる実践的な理性を養えること。
⑦ 理由なき差別を受けることなく自尊心が保て、かつ、他者に関心が持てること。
⑧ 他種生物や自然界に関心が持てること。
⑨ 笑えること、遊べること。
⑩ 政治に参加でき、最低限の財を所有できること。

「人を愛せること」や「笑えること」などがあげられている点が、人権と異なっているのが分かると思います。しかし、たしかに、これらのことが私たちの豊かな生活にとって大切なことであるのは明らかです。むろん、ヌスバウム自身も述べるように、このリストは暫定的なものであって、人によって考え方が違っていたり、時代や地域によって加除されたりということがあるでしょう。とはいえ、これらがいずれも、尊厳を持って生きるということに重要なかかわりのある条件だということは誰しも認めるのではないでしょうか。彼女は、これらの「ケイパビリティ保障」は国家が果たすべき最低限の「人間の尊厳保障」でもあると考えています。現代の国際政治学では、主権国家と呼ばれるためには、ただ単に領土と領民を支配していればよいというものではなく、最低限の人権を保障しなければならないという考え方が主流を占めるようになっていま

す。「人権なくして主権なし」というルールです。この考え方は国家には最低限のケイパビリティ保障の責務があるというヌスバウムの考え方とも共通するものでしょう。

すべての人は、それぞれの知的・精神的・身体的状況に応じてユニークな人生を展開する権利を持つとともに、それを実現するための尊厳ある生を営む基盤も保障されなければなりません。そして、それは単なる資源の平等配分だけにとどまるものではないのです。

徳としての人間の尊厳

最後に古代・中世で語られていた「人間の尊厳」、すなわち、人間の尊厳とは、各人が行為の反復を通じて体得すべき倫理的習慣、すなわち徳であるという考え方の現代的意味について考えておきたいと思います。この徳こそは、現代社会において、何よりもまず復興すべき徳だという意見もあるのです[Meyer, 2002: 195-207]。

まず、個人倫理として考えるならば、それは自己の尊厳を大切にする倫理的習慣だと言えるでしょう。自分をモノや道具のように見なし扱うこと、さらには商品化することは、みずからを貶める行為であり、この徳に反することでしょう。また、自尊心を大切にしつつも、同時に、自分の限界に謙虚であることも、自己の尊厳を保つことだと言えます。いかに自由な存在であろうとも、なおも勝手に操作することの許されないものが自分の中にはあるのだという倫理観、いわば、自己の中の他者性に気づき、これに畏敬の念を持つということです。

社会倫理として考えるならば、それは他者の尊厳を尊重する倫理的習慣、具体的には、（胎児や胚も含めて）他者をかけがえのない唯一性を持った存在として扱う習慣、あるいは、他者を自分の欲望の実現手段にしないという習慣が、徳としての人間の尊厳だと言えます。個人倫理と対比させて言うならば、他者の中に自己性を見ることだと言えるかもしれません。また、シンガーの批判を踏まえるならば、この徳は人間に対して発揮されるだけではなく、自然界全体に対しても発揮されるべきものでしょう。つまり、自然を人間の欲望の実現手

段にしないということです。本来、人間の尊厳は人間の優越性を意味するものですが、現代の「人間の尊厳」論は、むしろ、人間は自然の中の一員だという謙虚さを求めるものです。自然からの逸脱は、人間を優越した存在にすることよりも、人間を堕落させることの方がよほど多いという反省は、現代の共通した認識でしょう。さらには、他者の潜在的可能性を信じ、その成長を援助するということも他者の尊厳を尊重する徳だと言えるでしょう。こんにち、高齢者や障がい者の潜在的能力を引き出すエンパワーメント（empowerment）ということが福祉の重要な課題になっているのも、このためだと言えます。

　私たち人間社会の幸福を実現するためには、これを阻む社会的条件の除去が何よりも大切です。しかし、それだけで実現できるものでもないのです。最後に必要なのは各人の徳とその実践だと言えます。社会的条件の充足を目指した、かつての社会福祉が、いま、人間福祉という新たな段階への発展を求められているのはなぜか、その理由もここにあるのではないでしょうか。

【参考文献】
・カント、篠田英雄訳『道徳形而上学原論』岩波文庫、1976年
・佐藤三夫『イタリア・ルネサンスにおける人間の尊厳』有信堂、1981年
・P. シンガー、樫 則章訳『生と死の倫理』昭和堂、1998年
・M. ヌスバウム、神島裕子訳『正義のフロンティア　障碍者・外国人・動物という境界を越えて』法政大学出版局、2012年
・トマス・アクィナス、稲垣良典ほか訳『神学大全』創文社、1985年
・B. パスカル、前田陽一・由木　康訳『パンセ』中公文庫、1973年
・ピコ・デッラ・ミランドーラ、大出哲ほか訳『人間の尊厳について』国文社、1985年
・教皇ヨハネ・パウロ二世『回勅　いのちの福音』ペトロ文庫、2008年
・Cicero, *De Officiis*, Loeb Library, Harvard University Press.
・Meyer,M.J., "Dignity as a (Modern) Virtue,in: D. Kretzmer and E. Klein eds., *The Concept of Human Dignity in Human Rights Discourse*, Kluwer Law International, 2002: 195-207
・J. Raz, *The Authority of Law: Essays on Law and Morality*, Oxford University Press, 1979

第2章
ケアとは何か

1. はじめに

　ケアの概念について考えることは、私たちの「人間としての生活」の根幹を深く見つめることに他なりません。ケアとは、それなしでは人が生きていくことのできない人と人との「かかわり」をつくりだし、互いの存在を支え合う営み、すなわち人間の日常の「くらし」(life)にとって、本質的な活動だと言えます。

　ただし、そのように言われても、あまりピンとこない人も多いのではないでしょうか。近年「ケア」という言葉は日本語にも浸透していますが、口当たりの良い言葉である一方で、介護（デイケア、ケアマネなど）や医療（緩和ケア、心のケアなど）のような場面での「専門的」な活動を示す用語だという印象も根強いからです。確かにそれは人間の「いのち」(life)を支える営みですが、多くの人にとっては「非日常的」な活動だとも言えます。

　福祉、医療、教育の現場で使われるケアという語は、確かに何らかの専門性を有した、人との特殊なかかわりを示唆するものです。しかし、これはケアという語の本来の意味から考えると、そのごく一部分に過ぎません。本章で考察するのは専門的で特殊な「狭義のケア」ではなく、それを包括しながら、より幅広い日常的な文脈で私たちの「くらし」を支えている「広義のケア」です。

そして実はこの「広義のケア」の特質をよく理解していないと、「狭義のケア」すなわち専門的な「支援」「援助」もうまくいかないことが多いのです。

近年、倫理学の世界では「ケア」「ケアリング」の概念が、こうした広い意味から注目され、活発な議論を呼んでいます。本章では、まずその語義に立ち返ることから出発し、ケアという視点によって再発見される人間の姿を見つめます。

2．ケアの定義

ケアの多義性

ケアという語が日本語に定着したのは、比較的最近のことではないかと思われます。もちろん、昭和期においても「お肌のケア」「ヘアケア」といった身体部分への「お手入れ」という意味合いではCMなどに使われていた形跡が見られますが、上述した「狭義」の用法、つまり福祉や医療などに関わる支援の意味で使われるようになったのは、平成期以降だと言えます。転機としては、1995年の阪神・淡路大震災で被災者の「心のケア」が注目されたこと、また介護保険制度の導入（2000年）に伴って「介護」をカタカナ語に置き換える際に「ケア」が用いられたことなどが挙げられるでしょう。以来、日本においてケアという語は、一般的には何かに対して「やさしく」手当てをしたり、世話したりするという意味と、介護にかかわる仕事、という意味で理解され、用いられてきたのです。

しかし、やっかいなことに、この「日本語化されたケア」の用法は、英語本来の"care"という語の用法と、必ずしも一致するわけではありません。というのも、careは、英語においては日常的に使われる、ごく基本的な単語であり、一般的、かつ多義的な性格を持つものだからです。

それでは、英語のcareには、どのような意味があるのでしょうか。英和辞典で調べると、名詞と動詞の用法があること、それぞれが複数の意味を持っていること、また前置詞などと結びついた、さまざまな慣用句（イディオム）と

して用いられることなどが分かります。ここでは、さしあたり動詞の用法に注目して、その意味合いを3つのレベルに整理しておきたいと思います。

まず第1に、「注意を向ける」「関心を持つ」といった意味があげられます（care about～）。何らかの対象に意識が向かっている状態ですが、この場合、まだその対象に対して具体的な「行動」を起こしているわけではありません。こうした意味でのケアを、「認知のレベル」と呼ぶことにします。

これに対して、実際に対象にかかわるのが「世話する」「面倒を見る」といった意味の用法です（care for～）。これは「行為のレベル」のケアです。

そして実はもう一つ、英語のcareには独特の用法があります。それは「認知」と「行動」のあいだをつなぐようなレベル、すなわち「～したいと望む」「～を好む、欲する」などのような、認知された対象への具体的な行動を引き起こす心の傾向性を述べる表現です。これを「欲求のレベル」のケアと呼びたいと思うのですが、興味深いことに、こうした意味でのcareは通常否定文や疑問文、条件節などで用いられるようです。

このように、英語のcareという語には大まかに言って①認知②欲求③行為という3つのレベルの活動が含まれている、ということができます。そして、私たちが日本語に取り入れてきた「ケア」は、そのうちの③の部分を取り出したものだ、と言えそうです。

しかし、ケアがこれだけ多様な側面を持っているとすれば、はじめに述べたような「広義のケア」などという言い方で、その本質を見きわめることは難しいのではないか、という疑念が湧いてくるかもしれません。しかし、この「多義性」にこそ、ケアという語の奥行き、深みがあるのです。

プロセスとしてのケア

ここで重要なのは、この3つのレベルが人間の生活においては決してバラバラに存在するのではない、ということです。私たちは日常の生活の中で、さまざまな対象に出会い、そこへと「関心」「注意」を向けつつ、それを「認知」しています。ただし、その対象に私が「かかわる」必要があるとは限りません。石が落ちていれば「石が落ちているなあ」と思うだけかもしれませんし、「つ

まずかないように注意しよう」「きれいな石だから、拾いたい」などと思うかもしれません。そして、実際にその石を拾う場合もあるでしょう。そしてその場合、私たちは唐突に石を拾うのではなく、気づき、考え、迷い、そして拾うという「プロセス」をたどるのです。

　実は、ケアという営みも、そうしたプロセスと切り離して理解することはできないものです。狭義のケア、たとえば、高齢者の介護について考えてみましょう。足腰が弱って、スムーズな歩行ができなくなっている高齢者が、介護者に何かを頼む場面です。テレビを見たいのだけれど、リモコンが手元ではなく、少し離れたテーブルにあって、その人は「テレビが見たいなあ」と言うとしましょう。その人を「ケアする」とは、どのようにすることでしょうか。リモコンを取って、テレビのスイッチを入れることでしょうか。リモコンを持って行って渡すことでしょうか。

　単純に考えれば、そうやって助けることがケアであるように思われるでしょう。しかし、そのように何でも「やってあげる」ことがその人のためになるかと言えば、そうとも言えないでしょう。少しでも歩行の機会をつくり、日常生活に必要な身体機能を維持することは、高齢者のケアにおいて重要なポイントです。もし歩行がまったく不可能だとか、著しく苦痛を伴うのでなければ、取ってあげるよりも「机の上にありますよ」と言って、自分で歩いて取りに行くように促すことも、ケアなのです。また、場合によってはそうした言葉が聞こえていても、すぐに反応せずに様子を見て対応することも、ケアの一部かもしれません。

　このとき、介護者は上述したさまざまなレベルで相手にかかわることが可能ですが、いずれの対応にしても、まずは対象となる相手のメッセージや振る舞い、状況の変化などを「認知」することが必要で、それがなければ意図的なケアを行うことはできません。そしてその認知に基づいて、何が適切な対応であるかを判断し選択する必要がありますが、当然そこには「手を差しのべるべきか、見守るべきか」、あるいは手助けするにしても「どのような手助けが必要か」についての葛藤があり、選択が求められるのです。つまり、ケアにおいては「実際に手助けする技術」のみならず、相手の状況に「気づく」ことや、相

手に必要な介助が何であるかを「判断する」ことも、重要になってくるのです。

このように「ケア」とは、相手に思いを向けながら、何が必要な手助けなのかを考え、選択していく「かかわりのプロセス」の中にある営みだと言えます。しかしそうだとすれば、次に重要になってくるのが、その「選択」の基準です。ある相手に対してさまざまなケアの可能性がある場合、私たちはいったい何に基づいて判断し、相手にかかわったらよいのでしょうか。次節ではこの点について考えます。

3．ケアの基準

メイヤロフのケア概念

> 一人の人格をケアするとは、最も深い意味で、その人が成長すること、自己実現することをたすけることである。［メイヤロフ、2006: 13］

ミルトン・メイヤロフ（Milton Mayeroff; 1925-79）は広義の「ケア」概念に早くから注目し、倫理学や哲学におけるケア論に先鞭をつけた著作で知られていますが、その中心にあるケア理解は、まさにプロセスに注目するダイナミックなものでした。人間に限らず、私たちが注意を向ける対象は、さまざまな変化の可能性を持っていますが、私がその対象にケアする、ということは、その対象を私にとって都合のよいものへと変化させる、ということではありません。ケアするという営みは、あくまでその対象中心のかかわり、すなわち人間で考えれば「相手にとって何がよい変化なのか」を考え、それを助けるかかわり、ということです。この「よい変化」をメイヤロフは「成長」や「自己実現」という概念を使って表現しているのです。

ここでは2つの重要な要素が述べられています。第1に相手中心のものであること。そして第2に、その成長や自己実現を助けるということ。当たり前のことだと思われるかもしれませんが、ここはたいへん重要なポイントです。つまり、私たちが「ケアだ」と思ってやっていることのなかには、「相手のため」

といいながら「自己中心」的であったり、相手を一時的に満足させるだけで、結果として相手のためにならないことであったりといったように、「実はケアになっていなかったこと」があるかもしれない、ということなのです。

「キュア」と「ケア」

　ひとつの例として、医者と患者の関係を考えてみます。医者は豊富な知識や経験によって、患者の疾患を治療するのが仕事です。しかし「治療」という行為そのものは、患者の身体やその一部の臓器などに対して物理的にかかわることであるため、ともすると「病気を治す」ことに気を取られて、患者の気持ちや立場に立つことをおろそかにしてしまう可能性があります。苦悩の中にある患者は、何の気なしに発せられた言葉で深く傷つくこともあるのです。

　現代の医療では「インフォームド・コンセント」つまり十分な説明のうえでの患者の同意が重視されるようになりました。しかし、かつての医療は医者の権威に患者がすべてを委ねる「パターナリズム」が幅をきかせていましたし、今でも患者に対しての説明は、必ずしも納得のいく丁寧なものであるとは限りません。これは医者の責任であるだけでなく、医者と患者という関係性の限界だとも言えるでしょう。なぜなら、「治療」（cure）という関係性は、どうしてもタテの関係、すなわち一方が圧倒的に知識や技術という権威を持っていて、それを他方に提供してその苦境から救い出す、という垂直的な関係性になってしまうからです。こうした関係では、どうしても両者は対等な立場に立つことが難しく、強い側が相手を傷つけ、弱い側が言いなりになってしまったりするのです。そのため、「キュアする側」は常に自分が強い立場なのだということ、キュアにはある種の暴力性があるのだということを自覚すべきですし、それを補うようなかかわり、すなわち「ケア」の視点をあわせ持つべきでしょう。

　しかし、実はこうしたキュア的なかかわりをケアと勘違いしてしまうことが、とても多いのです。医療、福祉、教育などで狭義のケアに携わる人は、多かれ少なかれ専門的な知識を身につけ、訓練を受けていますから、どのような人に何をすべきかを分かっているという自負があります。しかし、実際の現場で向き合う相手は、それぞれに違い、新しく出会う未知の存在であり、それぞれの

思いや感覚を秘めているのです。それゆえ、自分の身につけた知識や技術をただ相手に一方的に提供するのではなく、それが本当にその人のためになるのかを、たえず考え直さなくてはなりません。たとえ一時的に成果が出ていても、それが先へ行ってその人のためになっているかは、一概に決められないのです。学校の先生は生徒が良い成績をおさめれば嬉しくなるものです。しかしそこでの勉強ができることが、10年後のその人にとってどのような意味を持つのかは分かりません。逆に成績が悪い生徒でも、教育の成果が10年後に出てくることだってあるのです。

ケアの相手はそれぞれに過去と未来のあいだを生きる、時間的な存在です。ことに「人をケアする」ということは、その人の「人生」をケアすることへと、いつもつながり、開かれていることを、忘れないようにしたいものです。

「やりとり」としてのケア

さて、話をもとに戻しますが、ケア的なかかわりは、キュアのような垂直軸ではなく、お互いがそれぞれの人生を生きる人として、いわば対等に向き合う水平軸のかかわりである、ということができるでしょう。

このことは、ケアが決して一方的なものではなく、双方向の「かかわり合い」であることを示唆しています。つい私たちは「ケアする人」と「ケアされる人」を区別して考え、ケアは「する人」から「される人」へと一方向的に与えられるもののように考えてしまうのですが、本当は「ケアする人」にも「ケアされること」が必要であり、また「ケアされている人」が同時に誰かを「ケアする」ことだって可能なのです。このような、ケアの相互的な側面を、序章では「ケアの相依性」と呼びました。

こうしたケアの相依性な側面を理解するためには「ケアは与えるものだ」という先入見を取り除き、むしろ反対に、受け取ることに注目することが必要だと思われます。たとえば、話を聴くことがそうです。介護者が高齢者の語りに耳を傾ける時、介護者は相手に目に見える何かを与えているわけではありません。一定の時間をその人のために提供しているということはできますが、しかし、それは語り手である高齢者だって、同じなのです。また、提供したケアに

対す相手の反応は、感謝から怒り、嫉妬など実にさまざまですが、そこにこそ、さらなるケアの原動力がある、と言えるのではないでしょうか。

このように考えると、対話的な「やりとり」の中にあることが、ケアにとっては重要なのだということが分かってきます。メイヤロフのいうような「成長、自己実現を助ける」ようなケアは、対話的なかかわりの中で相手の存在を受け入れ、その声に耳を傾けることから始まり、深まっていくのです。

4．ケアの協働性

ケアを生きるということ

ここまでの考察で、私たちはケアの持つ多様な語義に基づいて、ただ漠然と「やさしく世話する」とか「介護などの仕事」といった意味に限定されない、「かかわり合い」の基礎概念としてのケアを見つめてきました。その中で見えてきたことは、ある営みが「ケアである」と言える基準は決して表面的なこと、つまりマニュアル化できるような具体的な行為や、行為の結果としてすぐに現れる分かりやすい結果などではない、ということです。「相手の成長、自己実現を助ける」ことは、たとえば、自販機にコインを入れてボタンを押せばドリンクが出てくるといった単純でその場限りの行為ではなく、私たちが人間として相手に出会い、時間をかけて向き合いながら「かかわり合い」を構築していくプロセスなのです。

それゆえに、私たちが「ケアを生きる」ためには、何らかの意味での努力が必要です。前節で述べたような相互的で対話的なケアは、あくまで理想であって、現実のかかわりはなかなか思うようにいかないものです。というのも、ケアの相依性は人間にとって与えられた事実である以上に、いつも人間にとっての課題であり可能性なのだからです。それは、私たちが小さなかかわりの一つひとつを見つめながら、それが相手にとってケアになっているかどうかを考え、かかわっていく姿勢によって、その都度ようやく編みあげられる絆なのです。

もちろん、ある意味でケアは人間の自然的な本性に根ざした行動だとも言え

ます。猫の母親が子猫を世話するように、人間にも母性が備わっているのですし、誰しもか弱い存在や傷ついた存在に出会うと放っておけない気持ちになるでしょう。欲求がケアの一つの重要な原動力であることは当然です。

　しかし人間におけるケアのかたちは、他の動物がやるような本能的な活動とは、どこか違っているようにも思われます。その違いを簡単に述べるのは難しいのですが、まずあげられるのは、生活におけるケアへの依存度の違いです。生まれたばかりの子猫は、確かに母猫の哺育が必要であり、餌を探すことや毛繕いの仕方なども教えてやらなくてはなりません。ただ、そうした意味でのケアはそれほど長期にわたって必要なものではなく、餌と居心地のよい環境を探し出すことができれば、自分で生きていくことができます。

　一方、人間の子どもは、大人からのきわめて長期的なケアが必要です。人間の赤ちゃんは、自分の体をコントロールすることさえできない、未熟な状態のまま産まれてきます（生理的早産といいます）。他の動物に比べて脳の容積が著しく増大したからだと言われていますが、そのぶん発育にも時間がかかります。それゆえ、多くの高等動物が母親の胎内から出る時にはすでに獲得しているような、生存に必要な基本的技能を、人間の赤ちゃんは出産以後、母親や周囲の他者とのコミュニケーションを通じて身につけなくてはなりません。生後1年ほどして、ようやく自分で歩き、簡単な言葉を話したりできるようになりますが、一人前の生活ができるようになるまでには、そこからさらに15年以上、ケアされることが必要だということになります。

　しかし、こうした長期にわたるケアを、子を産んだ母親だけが引き受けるのだとすれば、それはたいへんな重荷です。ここで重要になってくるのが、人間におけるケアの「協働性」という要素です。つまり、母親だけが抱え込むのではなく、家族や社会全体がさまざまなレベルで一人ひとりの人間を守り、その成長を育んでいくようなケアの「ネットワーク」があることで、人間というこの不思議な動物は、生きながらえているのです。ただ、この協働性という側面は、放っておいても自然に機能し続ける本能のようなものではありません。あえてケアについて語り、考えなくてはならない意味がここにあるのです。

「善きサマリア人」のたとえ話

では、このネットワークは、具体的にはどのような特徴を持つかかわり合いなのでしょうか。一つ例をあげて説明しましょう。

> イエスはお答えになった。「ある人がエルサレムからエリコへ下って行く途中、追いはぎに襲われた。追いはぎはその人の服をはぎ取り、殴りつけ、半殺しにしたまま立ち去った。ある祭司がたまたまその道を下って来たが、その人を見ると、道の向こう側を通って行った。同じように、レビ人もその場所にやって来たが、その人を見ると、道の向こう側を通って行った。ところが、旅をしていたあるサマリア人は、そばに来ると、その人を見て憐れに思い、近寄って傷に油とぶどう酒を注ぎ、包帯をして、自分のろばに乗せ、宿屋に連れて行って介抱した。そして、翌日になると、デナリオン銀貨二枚を取り出し、宿屋の主人に渡して言った。『この人を介抱してください。費用がもっとかかったら、帰りがけに払います。』さて、あなたはこの三人の中で、だれが追いはぎに襲われた人の隣人になったと思うか。」律法の専門家は言った。「その人を助けた人です。」そこで、イエスは言われた。「行って、あなたも同じようにしなさい。」
>
> ［『ルカによる福音書』10章30-37節］

イエスが一人の律法学者に、本当の「隣人愛」とは何かを教える、聖書の有名な一節です。律法学者たちは「隣人」を狭い意味、すなわちユダヤ人の同胞、同じ律法に従う人びとの意味で捉えていたため、異邦人や律法を守らない人たちと付き合うイエスを咎めていました。しかし、イエスは「誰が隣人であるか」という視点を「誰が隣人になるか」という視点に置き換え、律法学者を諭すのです。

当時のユダヤでは「律法を守らない」という理由で、多くの貧しい人や病気の人が「罪人」とされ、激しい差別の対象になりました。また、もともとは同じイスラエルの民であったサマリアの人たちも、国が分裂し、信仰のかたちが違ってしまったために、非難されるようになったのです。しかし、彼らは罪を犯したわけではなく、むしろ「弱さ」の中で痛み苦しんでいた人びとでした。イエスはそうした人と「かかわり合う」こと、つまり相互的なケアの関係を結ぶことで、彼らの力となっていたのです。そして「隣人になる」ということは、

そのような「ケア的かかわり」を、必要な場所にあらたに構築する、ということだったのです。

　イエスの問いは、通りかかった3人のうち、誰が倒れていた人の隣人になったか、というものですが、これを「誰がケアしたか」という問いに言い換えてみたいと思います。もちろん、答えは変わらないかもしれません。でも、ケアという概念を通してみると、私たちがこのたとえ話の中で見落としがちな細かいニュアンスが見えてくるように思います。

　ひとつは、先に通りかかった2人です。彼らはどう考えても「ケア」していたようには見えません。でも、実は、ケアの可能性はあったと思うのです。というのも2人とも、通りかかったときに、倒れている人をまず「見て」いたからです。つまり彼らは「認知」というケアの入り口に立っていました。しかしそのあとすぐに「道の反対側を通る」すなわち「避けよう、逃げよう」という「欲求」がわき起こって、結果としてケアという「行為」に至らなかったのです。もしかすると「たいへんだ、どうしよう」「かわいそうに」と思ったかもしれません。ただ、それよりも恐怖とか、面倒だとか、先で待っている用事のことといった別のことへのケアが先立ってしまったのではないでしょうか。

　ケアという営みには、必ず「迷い」や「葛藤」が伴います。そうだからこそ、この譬(たと)え話は今でも読み手である私たちにとって「耳の痛い話」であり続けるのだと思います。でも、人間はそれを乗り越えて、今助けを必要としている他者に関心の中心を向け、その人のために行動することができる。サマリア人は、それができた人なのだと思います。

　ところで、もう一つこの話で注目しなくてはならない部分があります。それは「宿屋の主人」の存在です。サマリア人が男を助けて宿屋に連れて行った、というところまで言えば、このたとえ話は十分なようにも感じられます。でもイエスはその後のやりとり、すなわちサマリア人が男を宿屋の主人に託した様子までを、あえて語って聴かせるのです。これには、いったい、どんな意味があるのでしょうか。

　この話を読んだ人は、サマリア人は素晴らしい人だなあと思うかもしれません。あるいは「当たり前のことをしただけだ」という人もいるでしょう。どち

らにしても、そこでの「ケアの主体」はサマリア人だ、と考えるはずです。しかし、この人は決して、一人でケアしたのではないのです。確かにその場で勇気を出して、倒れていた人を介抱したのは一人のサマリア人でした。でも彼だってその日泊まる宿がなければ、たいへんな思いをすることになったでしょう。そして、翌日面倒を見てくれる宿屋の主人がいなければ、仕事に支障も出てしまいます。勇気を持って助けることができたのは、実は彼がケアを一人で抱え込むことがなかったからだ、とも考えられるのです。

ケアの「協働性」とか「ネットワーク」ということは、別に大掛かりな組織の働きというわけではなく、ケアする人とその活動を支える、さらなるケアの手との連携のことです。もちろん、これが組織化されたものが、教育や福祉や医療といった制度なのですが、組織や制度の中においても、ケアがケアであるためには、たえずこうした具体的な連携の輪を必要な場所に作り出していくことが重要なのです。

5．ネットワークを編み直す——ケアからドゥーリアへ——

「ケアの倫理」の登場

冒頭にも述べたように、ケアの概念は20世紀の後半になって、にわかに哲学や倫理学の分野で注目を浴びるようになりました。その背景には、いくつかの要因が考えられます。一つは、19世紀以降の人間が経験してきた、急激な社会と生活の変化です。産業革命によって生産規模が拡大し、国家を支えるものは権力を振りかざし、逆らうものを「殺す」ような支配者の力ではなく、「国民」を生産力として「生かす」システムの力、つまりミシェル・フーコー（Michel Foucault; 1926-84）のいう「生権力」へと移行していきます。医療や教育、福祉の制度化が押し進められ、人々の「生」は病院や学校に囲い込まれ、保護＝管理されるようになったのです。

工業技術や医療技術の著しい進歩は、生活の質の向上をもたらしましたが、他方では苛酷な労働や環境汚染といった社会問題を引き起こし、さらには大量

破壊兵器による総力戦の時代へと人間を導きました。ナイチンゲールによって「看護」という概念が脚光を浴びたのも、まさにそうした時代のただ中においてでした。狭義の「ケア」という語もそうした流れの中で使われるようになります。

そしてもう一つあげられる要因が、女性の社会進出とフェミニズムの興隆です。人間の歴史において、女性は「子を産み育てる」役割を担う一方で、政治や社会活動の権利を制限される傾向が続いてきました。近代になり、人権意識が高まりを見せると、男女間の権利の不平等が強く意識されるようになり、19世紀半ばの女性参政権運動、そして20世紀のいわゆる「ウーマン・リブ」(Womens Liberation) へと展開していきます。これらの動きが思想として結実したのが「フェミニズム」ですが、これらの中では男性同様の権利獲得を目指す「女性解放」の主張とともに、女性特有の思考や感受性を重視し、その価値を擁護しようとする主張とがせめぎあい、さまざまな論争が繰り広げられました。「ケアの倫理」も、実はそうした論争を通じて提起され、拡がってきたのです。キャロル・ギリガン (Carol Gilligan; 1937～) は、伝統的な倫理学における道徳判断のモデルが、男性に特徴的な「正義」の観念に基づくものであることを指摘し、これに対して女性的な道徳性として「ケア」への指向に注目しました。男性が善悪の判断に際して客観的な立場を取り、普遍的な原理を参照しようとするのに対して、女性はむしろその場での関係性における共感や同情を重視し、相手に配慮しながら応答しようとする傾向があると言うのです。

もちろんこれはすべての人間において当てはまるものではありませんし、この傾向性が社会的な「役割」として刷り込まれてきたのだとも言えます。ギリガンの主張や、それに追随する「ケアの倫理」の立場は、ともすれば育児や介護を女性に押しつけ、家庭に閉じ込めるべきだという主張につながりかねないという批判も起こりました。

しかし、ギリガンの主張の本質は性差を認めるかどうか、ということではなく、従来の「正義の倫理」の背景にある近代ヨーロッパ的な人間観を批判することにあったと考えるべきでしょう。自立した人格としての個人が、理性的な道徳判断に基づいて主体的に他者と相互関係を結ぶ、というモデルは、現実の私たちの生活の姿とは必ずしも一致しません。むしろ私たちは、脆弱な依存

者として生まれ、生涯を通じて他者との「相依的かかわり」の中でケアされつつ、他者へのケアの責任を引き受けていく存在である、ということを認めるべきなのです。

　ケアからドゥーリアへ
　ところで、男女平等という理念は私たちの社会にも広く浸透し、法律や制度面でも女性の権利は拡大しています。しかし、その一方で女性の自立と自由を阻むような、見えない足枷(かせ)が存在していることを見逃してはなりません。エヴァ・F・キテイ（Eva Feder Kittay）は乳幼児や高齢者、重い病気や障がいを持つ人といった、日常生活において、他者のケアに依存することが不可避であるような人たちの面倒を見てきたのは、女性なのだと指摘しています。しかもそうした仕事は「愛」の名の下に無償で奉仕することを強要されたり、安い賃金で押し付けられたりすることが少なくありません。キテイはこのような「依存者」を支えるケアを「依存労働」と呼び、そうした労働が正当に評価され、かつその労働者自身も「ケアされる」ことのできるような社会を創設しなくてはならないと考えるのです。
　キテイは、出産直後の母親を援助するケア提供者を意味する「ドゥーラ」という語に注目し、依存労働に従事する人に対するケアを「ドゥーリア」と名付けました［キテイ、2010: 243-4］。この概念の特徴は、ケア的なかかわりのユニットを二者関係ではなく三者関係で捉えるところにあると言えます。ケアを二者関係で捉えようとすると、どうしても「平等な個人同士の相互性」か「一方向的な支配＝依存」のどちらかのモデルに帰着してしまうため、どうしても社会に対しては閉鎖的なかかわりになってしまいます。これに対してドゥーリアはこの両面を入れ子状に組み合わせることで、ケアを社会へと開かれたかかわり、すなわち「協働性」のネットワークへと編み直すのです。
　ドゥーリアの視点からケアを考えることは、あくまで具体的な現場、すなわち援助を必要とする人と、その人のためのケアに苦闘している人とのかかわりの現実から出発して、それを社会へつなげていく道を探ることであって、「ケアはこうあるべきだ」という理想論を述べることではありません。そもそも、

ケアはプロセスの中に開かれた営みであり、そこには「正解」もなければ「完璧」などという言葉もないのです。

6．おわりに

「ケアを生きる」ということは、何も自己の欲望をすべて捨てて他者のために尽くすといった献身的な生き方だけを意味するのではありません。ケアの営みが「放っておけない」「助けたい」という欲求から引き起こされるものであるとすれば、それゆえの満足も得られる行為であるはずです。その意味で、ケアは互恵的、すなわち何らかの見返りのある相互性だ、とも言えます。

ただ、ケアから与えられるものは、単純に欲求が満たされる心地よさ（快楽）のようなものとは少し違っているように思われます。それは、自分が自分だけで何かを獲得したり、所有したりすることによる満足ではなく、自分が他者へと開かれ、他者と共に歩んでいることの喜びだと言えるでしょう。

満足はあくまで個人のものですが、喜びは共有できるものです。「ケア」という人間の営みを意識し、そこで自分に求められているかかわりを考えることで、他者とともに生きる喜びの輪を、少しずつつなげ、拡げていきたいものです。

【参考文献】
・上野千鶴子『ケアの社会学』太田出版、2011年
・エリクソン, E. H『幼児期と社会Ⅰ・Ⅱ』仁科弥生訳、みすず書房、1977-80年
・川本隆史編『ケアの社会倫理学』有斐閣、2005年
・キテイ, E. V『愛の労働 あるいは依存とケアの正義論』岡野八代・牟田和恵訳、白澤社、2010年
・ギリガン, C『もう一つの声で』川本隆史・山辺恵理子・米典子訳、風行社、2022年
・フーコー, M『知への意志』渡辺守章訳、新潮社、1986年
・メイヤロフ, M『ケアの本質』田村真・向野宣之訳、ゆみる出版、2006年
・新共同訳『聖書』日本聖書協会、1988年
・『ランダムハウス英和辞典 第二版』小学館、1993年
・『新英和中辞典 第七版』研究社、2003年

> **コラム**　ケアと「家庭」

　ケアの「場」について考えるとき、その出発点が「家庭」にあることは言うまでもありません。人は無力な姿で産み落とされますが、母親による献身的な世話と、家庭での長期間の保護をつうじて、ひとりの人として巣立っていく力を身につけるのです。ここでいう「家庭」(home)は「家族」(family)と決して同じものではありません。

　家族とは、血縁などを中心につくられる、いわば「つながり」を意味する概念だと言えますが、ケアという観点においては、それがいかなるつながりなのか、ということよりも、そのつながりがケアという機能を果たしているかどうか、ということの方が重要です。

　その意味でポイントとなるのが、まさに「場」としての機能を持つかどうかです。ライフサイクル論で有名な心理学者のE.H.エリクソン(Erik Homburger Erikson; 1902-94)は、乳児期における人間の課題を「基本的信頼の獲得」であるとしています［エリクソン、1977: 317〜322］。自力で活動することのできない乳児は、なじみの無い周囲の世界におびえています。また自分自身の空腹や不快感などに対しても、みずから対処することができません。こうした違和感を包み込み、欲求を満たし、守ってあげるのが母親的な存在の役目です。つまり乳児は母親とのつながりを通じて世界の中に自分の「居場所」を発見し、それを良きものとして信頼するようになるのです。

　その意味で私たちが重視すべきなのは「家族のかたち」よりも「家庭のかたち」であるように思われます。伝統的な家族規範が崩れ、家族のかたちは多様化していますが、同時に「核家族」の壁は厚くなり、日本においては血縁主義へのこだわりも根強く残っているようです。しかし、そのような家族主義が時として「ケア」ではなく「束縛」や「支配」の温床となりがちであることに注意しなくてはなりません

　人間にとって家族本来の機能は、その家族成員の人間としての成長・自己実現を支え、社会へ送り出すこと、また老いや病にある人に寄り添い、その人らしさを見つめながら暮らしをともにすることでしょう。しかし、そのような機能が働くためには、その家族が外部に対して開かれた「場」であることが、必要不可欠です。というのも、家庭はケアの「出発点」ではあっても、すべてをそこに抱えこむ「終点」ではないからです。

　かつて「家族」であることは「家庭」すなわち生活の場と時間を共有する「同居」

と切り離せないものでした。しかし、近年はそうした意識は大きな変化にさらされています。シングルという生き方を選ぶ人、結婚しても別居という暮らし方を望む人、独居の高齢者など、家族を失っていたり、家族はあっても「家庭」を持たない「単身世帯」が増加しているのです。家族という言葉が大手を振ってまかり通るのは、もはや携帯電話の「家族割」のコマーシャルの中だけなのかもしれません。

　「家族の再生」をいくら唱えても、人々が以前のような家族意識を取り戻すことはなさそうに見えます。しかし、そんな時代にこそ新しい「家庭」を作り出す試みが必要だとは言えないでしょうか。それは結婚して子を産み育てることから始まる古典的な「家庭」ではなく、ケアの手を必要としている子どもや単身者、あるいは壊れそうになっている家庭を必死で支えている「家族」とつながり合い、そこに受け皿となる暮らしの「場」を作り出すことです。ホスピスやグループホーム、シェルターや簡易宿泊施設など、私たちの社会には「居場所」を必要としている人たちがたくさん存在するのです。旧来の「家族＝家庭」に縛られない暮らし方への感受性がある今だからこそ、できることもあるはずなのです。

第3章
スピリチュアルケア

1. はじめに

　ケアの営みには、さまざまなかかわりの場面があり、それに応じたさまざまな方法論があります。本章で取り上げる「スピリチュアルケア」も、そうした方法論の一つです。しかし、それは単なるケアの一例にとどまるものではなく、ケアのいわば「本質」を体現したようなかかわりであり、またそれゆえに、最も奥深く、捉えがたい性格を持ったケアだ、と言えるかもしれません。

　「スピリチュアルケア」を日本語にそのまま訳すと「霊的ケア」ということになりますが、おそらくこの表現では多くの人が、それを宗教的な祈祷や祭祀と勘違いするのではないでしょうか。あるいは、占いや魔術や超能力などのオカルト的な意味で考えて、警戒する人もいるでしょう。

　誤解を解くために、あらかじめ簡単に定義しておくことにしましょう。一般に「スピリチュアルケア」とは「スピリチュアルな苦痛」に対するケアのことを意味します。それは、自分の人生の意味や価値、死後の魂の存在などにかかわる「苦悩」と言い換えることができます。この苦悩に対するケアが、スピリチュアルケアと呼ばれるものです。もちろんその中には宗教的な苦悩へのケアも含まれますが、それがすべてであるわけではありません。

　病や老いによって、みずからの死の可能性に向き合わなくてはならなくなっ

た人、家族や友人を失い、人生の意味を見失いそうになっている人、家族や友人とのかかわりに迷い、傷ついて、孤独の中にいる人、罪責感や自己否定感に苦しんでいる人……。現代では多くの人が、さまざまな場面でそんな「人生の意味」の前で立ちすくみ、答えを探し求めているのです。そうした人に対してどんなケアができるのかを、一緒に考えていきたいと思います。

2．苦悩の人間学

苦痛と苦悩を見つめて

　痛みを感じる、ということは人間にとって辛いことですが、人間として生きる限りは、それを避けて通るわけにもいきません。仏教で人生を「四苦八苦」と捉えるように、人類は古来「痛み」「苦しみ」を見つめながら、そこに「生き方」の指針を見いだそうとしてきたのです。生理学的に言えば、痛みを感じることは重要な機能です。すなわち、それによって危機を察知し、身を守るのです。逆説的ですが、痛みは「生の証」でもあると言えるでしょう。

　しかし、痛みは日常の安寧(あんねい)な暮らしを妨げ、それが激しい場合には「生きる」ということそのものから逃げ出したくなるような苦境に人を追いつめるものでもあります。それゆえ、苦痛とは、それに対して適切にケアすることへと人間を向かわせるような意味(ゆみ)と働きを持っている、ということができるのではないでしょうか。私たちは苦痛に顔を歪め、不調に色を失っている他者の姿を前に、それを放っておくことができません。自分が痛いわけではないのに、私は「他者の苦痛」に引き寄せられ、それを取り除こうとするのです。

　おそらくその背景には、同じ痛みではないにせよ、痛みという概念の意味を、それぞれの人間が「ケアされたという経験」を通じて共有している、ということがあるのではないでしょうか。痛みはどこか人間同士を引き寄せあうような磁力を持っているような気がします。

　ところで、苦痛をケアする、と言っても、人間の「痛み」は複雑です。身体的な苦痛一つ取ってみても、その痛みの原因はさまざまであり、いわゆる慢性

疼痛といわれるものは、その原因を特定しがたいにもかかわらず、強い痛みが持続したり、繰り返したりして、治療が難しいのです。その背後には、短期、長期の生活習慣の影響がある場合もありますし、心因性の疼痛では、仕事や人間関係のストレスなどが隠されている場合もあるのです。

　さらには、身体的な痛みを感じないがゆえの「痛み」もあります。たとえば、脳腫瘍は、それほど大きくならなければ痛みを感じることは、あまりないとされています。脳組織そのものに痛覚がないためです。しかし、だからと言ってそこに何の「痛み」も存在しないかと言えば、違うでしょう。手術や治療、今後の人生への不安といった苦悩はおそらく必ず存在します。神谷美恵子（1914-79）はそうした苦悩をめぐって、「無痛禍」と題された、ハンセン病患者の手記を紹介しています［神谷、1982: 163-4］。ハンセン病では、身体表面の末梢神経が侵されます。病気が進行すると、足に釘が刺さったりしても、まったく痛みを感じないというのです。しかし、脳や身体の深部に病気が及ぶことはなく、患者は明晰な意識の中で「苦痛のないこと」を悩むのです。ハンセン病は、現在においては治療法が確立しており、日本において新規に罹患する患者はきわめて稀になっていますが、かつては差別の対象となり、非人道的な隔離政策が取られていました。そうした時代状況にあって、患者たちは「苦痛のない苦悩」に激しく苛まれたことでしょう。

「死への存在」としての人間

　これらの例は少し特殊かもしれませんが、苦悩という複雑な痛みの次元に直面することは、人間に与えられた宿命のようなものです。ドイツの哲学者ハイデガー（Martin Heidegger; 1889-1976）は人間を「死への存在」（Sein zum Tode）であると表現しました。人間は自分が将来「死」に至るのだということを、明確に認識することができる存在です。動物がどのように死を意識しているのか、本当のところは分かりませんが、人間のように遠い将来の死の可能性を考え、そこをいわば人生の終着駅と捉えて、そこまでの道のりについて考えたりすることはないでしょう。でも、そうだからこそ人間は死に対して独特の苦悩を抱くことになるのです。

もちろん、日常からそのような意識に苦しめられている人は、そう多くないかもしれません。ハイデガーもそのことを指摘しています。誰もがいつかは死ぬことを知っているのに、それが切迫するまではそのことを「まだ当分やってこないだろう」というように後回しにし、忘れようとしているのです。その理由は、死が確実性を持つと同時に未規定だから、すなわち、いつどのように死が訪れるかは、普通は分からないからです。

しかし、そうであればこそ、死が切迫するときの苦悩は重いものになるでしょう。そして、たとえ遠い将来の死をめがけてあらかじめ心の準備を重ねたとしても（ハイデガーはそうすることを勧めているのですが）、やはり自分の死に向き合うというのは、人間にとって「大仕事」なのだろうと思います。何しろ、それは誰にとっても初めての、そして誰からも教えてもらえない出来事に向かっていくことなのですから……。

死の受容のプロセス

ただ、死へと向かって歩んでいくプロセスについては、他者の死に向き合うことを通じて学びうることがある、そう考えたのがアメリカの精神科医キューブラー・ロス（Elisabeth Kübler-Ross: 1926-2004）でした（「コラム」参照）。彼女は末期患者の病棟で出会った人たちの多くが、どこか共通するような苦悩のプロセスを経て、最後は死という運命を受け入れていくということに注目し、これを「死の受容のプロセス」として5段階にまとめました。

第1の段階は「否認」です。自身の死を差し迫った出来事として知らされたとき「自分に限ってそのようなことはない」「何かの間違いだ」と思い込むことで、その事実の衝撃から無意識的に自己を守ろうとすると考えられます。

次に現れるのは「怒り」です。死は「その人自身」にのみ訪れるものであり、その苦しみは安易な共感を拒むがゆえに、当人は孤立感に苛（さいな）まれます。そして「なぜ自分が死ななければならないのか」というやり切れない感情を、周囲の人にぶつけてしまうといいます。

第3の段階は「取引」と呼ばれています。これは近い将来の死を、何らかの条件付きで受け入れようとする姿勢です。死に近づいていくのは仕方の無いこ

とだが、何とかそれを「先延ばししたい」と考え、そのためにできることなら何でもしたい、という前向きな気持ちが生まれるのです。

しかし、やがては病状が進み、死を引き延ばすことが難しいと悟るようになってきます。そこから「抑うつ」の段階が始まります。興味深いのはこの中にさらに2つの段階の抑うつが区別されていることです。最初は「反応抑うつ」つまり「自分がすでに失ったもの」を嘆く抑うつであり、そこから「準備抑うつ」すなわち「これから自分が失うもの」について思いをめぐらす抑うつに移行していく、というのです。こうした心の動きを経て現れるのが、5番目の「受容」という段階です。これは来るべき死という出来事を平静に受け入れながら、これまでの人生とともに死という終わりを肯定する境地であり、絶望や諦(あきら)めではない、とロスは考えました。

もちろん、どんな人も必ずこうした境地にたどり着くということではありません。このプロセスは単純に恐怖から受容へ、といった直線的なものではなく、行きつ戻りつするような螺旋(らせん)状の運動と考えるべきでしょう。その途中で突然に死が訪れることもあるでしょうし、最後まで希望を捨てずに戦い続ける人もいます。いわばそれは人間が死という出来事に対して全身全霊で戦い、対話し、それを受け止めようとする過程なのです。ロスはこうした人間の苦悩の先に、ひとつの可能性としての受容を見いだしたのであり、同時に私たちに「穏やかな死」というかたちの希望を示してくれたのだ、とも言えるでしょう。

どのような人が、どのようにして受容にたどり着くのか、一概に述べることはできません。ただ、その人に寄り添い、苦悩との和解を助けるケアが可能であれば、死の受容への道は誰にとっても、閉ざされてはいないように思われます。そして、こうした場面においてまさに必要とされるのが「スピリチュアルケア」なのです。

3．スピリチュアルケアとホスピス

ホスピスケアの理念

　スピリチュアルケアの実践は、本来さまざまな場面において必要なものだと考えられます。すなわち、人の苦悩のある所であれば、いついかなる時でも、その支えとなるケアを差し伸べることができるのが、理想でしょう。

　しかし、人の生き方や死生観にかかわる悩みを打ち明けることは、日常の社会の中では残念ながら難しいようです。病院のような、実際には多くのニーズがある場所でも、そこでの目的が「治療」にある以上、どうしてもスピリチュアルな苦痛のケアは置き去りにされやすいのです。

　これに対して、スピリチュアルケアの実践をその根幹に据えるのが「ホスピス」(hospice) といわれる施設です。ホスピスは、もともと中世の巡礼者向けの宿泊・救護施設「ホスピチウム」(hospitium) に由来し、やがて病者などの看護、養護施設を指すようになったと言われています。やがて近代的な医療が広がっていくと、医療においてはもはや救うことができず、やがて訪れる死を待つ人びとのケア（終生期ケア; end of life care）に特化した施設が登場してきます。これが現代でいうホスピスです。

　その先駆けとなった、イギリスのセント・クリストファーズ・ホスピスの創立者シシリー・ソンダース (Cicely Saunders; 1918-2005) は「全人的苦痛」(total pain) という考え方を提唱しています。それによると、そもそも人間の痛みは「身体的な苦痛」のみならず「心理的苦痛」や「社会的苦痛」、さらに「霊的苦痛」を含めたトータルなものとして捉えなくてはならないものです。心理的苦痛は不安や孤独感、いら立ちや恐れ、うつ状態など、心の状態や反応において感じられる苦痛で、病気や身体的苦痛に伴って現れることが多いものです。社会的苦痛は、病気による入院や治療などによって引き起こされる、仕事や生活上の悩み事です。経済的な問題や家族の問題などが深刻なストレスとなって、心身両面の苦痛をいっそう増幅させることも多くあります。

　そして、もう一つが「霊的苦痛」つまり「スピリチュアル・ペイン」です。

これはよく「心理的苦痛」と混同されますが、「心理的」を「精神的」と訳すると、確かに似た概念にも見えてきます。しかしここで「霊的」と言っているのは、単なる個人の「心の中」の状態や反応ではなく、もっと哲学的・宗教的に捉えられた、その人の「魂」「存在」の在り方や意味のことなのです。したがって「霊的苦痛」とは、本章の冒頭で述べたような、「生きる意味」や「死生観」などについての根源的な問いかけからくる苦悩のことなのです。

「緩和ケア」では、基本的に疼痛のケア、すなわち身体的な苦痛を適切な処置によって軽減することが重要になります。しかし、ソンダースの提唱したホスピスにおけるケアの中心は、あくまで全体としての「その人」だったと言えます。人は身体だけでも、心だけでもなく、家族や友人とのかかわりのなかで、過去と未来のあいだに暮らしている一人の人なのです。それゆえ、ホスピスでは生活の質（QOL: quality of life）を維持することが、ケアの中心になります。そしてそのためには、ホスピスは病院のような機能的な施設ではなく、家庭のようなコミュニティであるべきだ、とソンダースは考えました。医者や看護師だけでなく、宗教家やボランティアを含めたさまざまなスタッフがチームを組んで活動し、患者を一人の人間として受け入れる「場」がホスピスなのです。

さて、ホスピスにおけるスピリチュアルケアは、こうしたトータルなケアの場に支えられ、その中で行なわれるものです。「スピリチュアルな」というと、私たちはそれをどこか日常の生活から遊離した別世界のことのように考えがちですし、それが宗教とかかわるなどというと、なおさら非日常的に思えてしまうのですが、スピリチュアルケアは、あくまで日常の、生身の「その人」の存在を受け止め、支えていくかかわりの一部だ、ということを確認しておきたいと思います。つまり、それを担う人は決して特別な人、つまり宗教家や哲学者や、専門的なカウンセラーである必要はないのです。

ただし、もちろん誰でも簡単にそんなケアを行うことができるか、と言えば、やはりそれなりの知識や姿勢、資質は必要だと言えます。以下では、そうしたケアの実際について見ていくことにします。

受容と傾聴

スピリチュアルケアの方法論として、具体的にその中心となるのが「傾聴」という技法です。話を聴く、というとあまりに単純なことと思われるでしょうが、たとえば、医療現場では、まず診断し、処置をするという一方的なかかわりが先行し、患者の考えや感情に耳を傾けることが疎かにされがちだ、と言えます。

しかし、苦痛・苦悩のケアは、まずその人の「一人称」の痛みから出発しなくてはなりません。そのためには、徹底して耳を傾ける、という姿勢が必要不可欠だと言えます。これが専門的なかかわりのみならず、あらゆるケアのかかわりに共通の要素であることは、前章でも触れたとおりです。ケアと言うと、私たちはつい何かを「与えよう」と思ってしまいがちなのですが、それゆえに、どうすれば「聴く」ことができるかがたいへん重要になると言えます。

傾聴において重要なのは、相手が心を開き、思いを語ることができるようにする、ということです。そのために、まず必要なことは「壁」ができないようにすることです。目線の高さを合わせ、また相手に「じっくり話を聴いてくれそうだ」という安心感をもってもらうためにも、少しの時間であっても椅子に腰掛けることは大切です。それは「そこ一緒にいる」というメッセージなのです。

また、相手の重要な言葉を受け取ったら、それの言葉を反復するという方法も、効果的だと言われています。人生の意味、苦痛の意味などを問いかける人は、その問いに対する「答え」を必要としているとは限りません。こうした問いはそもそもが「学問的命題ではなく、実存的な問いかけ［キッペス、2010: 96］であって、第三者が問題を解決するのではなく、自分自身がその問題を生きるが重要なのです。会話の中で、少し引っかかる表現や、答えに窮する問いかけがあった場合、それをいったん受け止めて、相手の前に差し出すことは、相手に取っては「自分の言葉を受け止めてくれた」という感覚を引き起こし、そこから「自分の問いは、自分にとって必要な問いであって、無意味な問いではない」という足がかりになりうるのです。

そのうえで、相手の思いに寄り添う、共感する、ということが求められます。傾聴はあくまで相手本位のかかわりであって、相手に何かを教えたり、説得し

たりすることが目的ではありません。言葉の表面的な意味に呼応して、口先だけの答えを返すのではなく、相手の苦しみを苦しみとして受け止める、ということが求められるのです。「大丈夫」「心配することはない」といった安易な慰めは、時に相手の苦悩の存在を否定することに繋がります。傾聴する側が応答に詰まって、沈黙が生まれても、それは意味ある沈黙です。むしろ、その沈黙を共有することが大事だと言えるでしょう。その人の言葉を包み込むニュアンス、その人の過去、自分の中の正直な気持ち。そうしたものに、怖れることなく向き合い、率直に相手の前に座ることができれば、他者の苦悩とのあいだの距離は、いくらかでも縮まるのではないでしょうか。

　それでも、やはり「壁」は存在します。心を開くことを拒否する人、恨みごとや自己否定的な考えを述べ続ける人に、共感し寄り添うことは、簡単ではありません。でも、傾聴者が「そこにいる」ということを伝えることはできます。沈黙や、言葉の背後にある息づかいに耳を澄ませることのできる感受性、想像力、そして忍耐力を持つことが、傾聴者には求められるのです。

4．スピリチュアルケアと「霊性」

「いのち」としての霊性

　傾聴は、スピリチュアルケアにとって欠くことのできない姿勢だと言えます。しかし、それだけがすべて、というわけでもありません。話を受け止めてもらえる、そばにいてもらえる、というだけでケアになる場合もあれば、もっと踏み込んだ、宗教的、哲学的な対話を望む場合もあるでしょう。しかしその場合、ケアに携わる者に必要なものは、単に宗教的、哲学的な知識ではありません。生き方や死生観について問われる場合、重要なのは「キリスト教では……」「仏教では……」といった答えよりも、ケアするその人の生き方や価値観なのです。それはつまり、「スピリチュアリティ＝霊性」を自分において見つめ、他者と分かち合うことだと言えるでしょう。

　「スピリチュアリティ」（spirituality）これはとても訳しにくい言葉です。英

語のspiritはラテン語の「スピリトゥス」に由来します。魂、霊などと訳されますが、東洋でいう「気」に近い語感を持っている言葉です。つまり、それはただ何か身体の中に宿ってそれをコントロールするものでも、あるいは幽霊のように、宿ることなく彷徨（さまよ）っているものだけでなく、身体に吹き込まれ、それを包み込んで生かすような「気流」や「呼吸」をも意味する語なのです。

旧約聖書の冒頭、『創世記』には、神が人間を創造する場面が出てきます。

> 主なる神は、土（アダマ）の塵で人（アダム）を形づくり、その鼻に命の息を吹き入れられた。人はこうして生きる者となった。[『創世記』2章7節]

命の息、と訳されている「ルーアッハ」というヘブライ語は、「息」や「風」のような空気の動きを意味する語ですが、人間にとって「息」とはまさに「生きる」ことの重要な条件です。それを古代の人びとは「人間を生かす神の働き＝いのちの息吹」と捉えたのです。この語はギリシア語の「プネウマ」、そしてラテン語の「スピリトゥス」となり、キリスト教における「聖霊」（Holy Spirit）の概念に引き継がれます。

ここから、人間の心身の活動や目に見える物理的世界を超えて、それらを支えている働きに対する気づきを、スピリチュアリティ（霊性）と呼ぶようになりました。これはキリスト教に限らず、あらゆる宗教と、それに従った生き方に共通する宗教性・信仰の本質であると考えられます。

「気づき」から「祈り」へ

近代日本を代表する仏教哲学者である鈴木大拙（1870-1966）は、以下のように述べています。

> 今までの二元的世界が、相克し、相殺しないで、互譲し、交歓し、相即即入するやうになるのは、人間霊性の覚醒にまつより他なのである。云はば、精神と物質の世界の裏に今一つの世界が開けて、前者と後者とが、互いに矛盾しながら、しかも映発するやうにならねばならぬのである。これは霊性的直覚または自覚によりて可能となる。[鈴木、1972: 16-17]

私たちの現実世界の苦悩は、肉体と精神、自己と他者、愛と憎しみなど、互いに相容れないものの対立による、とも考えられます。しかしその対立にとどまるのではなく、それを包み込みながらも互いに活かし合うような見方に立つことで、世界には新たな眺望が開けるのです。

　スピリチュアルケアに求められている「霊性」は、目の前にいる他者とのあいだにある「壁」を壊すのではなく、壁のあるままにその「あいだ」を見つめ、壊さないでもつながっている「空」を共有するところから、対話を始められる、しなやかな感受性です。他者の心の中を覗き込み、その痛みを同じように感じる、などということは本来不可能なことです。その「壁」をむりやり登ろうとするのではなく、すでに与えられているものに気づくことこそが、スピリチュアルなコミュニケーションの第一歩なのです。

　「祈り」という行為も、そういう気づきへとみずからを差し向ける姿勢だ、と言えるのではないでしょうか。ここでは、ケアの現場で多くの人に愛されてきた祈りをご紹介しましょう。

　　　神よ、私にお与え下さい。
　　　変えられないことを受け入れる落ちつきと、
　　　変えられることを実行する勇気と、
　　　そして、それらを見分ける知恵を。
　　　　　　　　　　［「ラインホルド・ニーバーの祈り」一部抜粋、私訳］

5．スピリチュアルケアの現在形

グリーフケアへの注目

　さて、現代社会において、スピリチュアルケアのニーズは、さまざまな拡がりを見せています。ターミナルケアとの関連で言えば、最期を看取り、残された家族や友人にも、深い悲しみが待ち受けています。自己の死のみならず、他者の死もまた、私たち人間にとって深い苦悩を呼び起こす出来事だと言えます。

そうした「悲嘆者のケア」すなわち「グリーフケア」も注目を集めています。

他者との死別やかかわりの喪失による悲嘆と苦悩は、誰にでも訪れるものですが、古来人間の社会は、そうした出来事に向き合い、過ぎ越していくための作法としての宗教や習慣を備えていました。しかし近代の合理主義と自由主義は、そうした文化を非合理で面倒な価値観として切り捨てる傾向にありました。家族関係や地縁などの人間的絆は次第に分断され、何かあったときにともに支え合うケアの相互性は希薄化したのです。人々は時間に追いつめられながら、刹那的な消費への欲求に埋没し、いつしか悲しむことでさえネガティブなこととして嫌い、隠すようになったように思われます。

さらには、医療の高度化によって、看取りの風景も様変わりしました。健康で長寿の人だけでなく、寝たきりや認知症の高齢者も増加し、安易な延命治療の増加によって、穏やかで自然な死というものを迎えることが難しくなっています。こうした状況にあって、家族や親しい人の死に直面した時に、私たちはさまざまな意味で戸惑い、苦しむことになるのです。

さらに、思いもよらない事故や事件、戦争や災害などによる死別、あるいは自死など、それを見つめ、受け入れ、語ることが難しい、いわゆる「複雑性悲嘆」を抱える人たちへのケアは重要な課題です。東日本大震災では、津波によって多くの人が行方不明になりましたが、そこでは、死別という事実を確認できない「曖昧な喪失」に苦しむ人々の姿がありました。グリーフケアは、そうしたさまざまな状況で訪れる「重い悲嘆」と、そこからくる孤独や苦悩を受け止め、その人たちの生を支えていくかかわりなのです。

その方法論は、やはりこれまで述べてきた「傾聴」が基本となります。事故や災害などで大きなショックを受けている場合には、いわゆるPTSDに対処する心理的なケアも必要ですが、喪失の悲しみを乗り越えるためには、やはり長期的なかかわりの中で支えていく必要があります。その際、基本的なポイントとして重要なのが、悲しみを否定しないことです。悲嘆は大切な人を失った時の、人間の自然な感情であり、涙を流すことによって、人は喪失の事実を見つめ、受け入れていくことができるのです。反対に、喪失を受け入れたくない場合に、頑に悲しみを語らず、気丈に振る舞うという例が少なくありません。し

かしそうやって「頑張る」ことによって、表現されない悲しみが心の錘(おもり)となり、場合によっては深い抑うつに至ることもあるのです。それゆえ、傾聴にあたっては、安易な慰めや励ましの言葉を慎まなくてはなりません。

また、心のケアだけを意識するのではなく、身体のつらさや生活上の苦しみなど、多面的なその人の苦悩に目を向けて、できる援助をしながら寄り添うことも大切です。そうしたかかわりの中で、悲嘆者はふと自分の気持ちを打ち明けたり、支えを発見したりする可能性があるのです。

いずれにしても、悲嘆はその人それぞれのプロセスをたどります。その段階については諸説ありますが、大事なのは悲しみや苦悩を消し去ることではなく、その人の人生をケアするという視点に立って、時間をかけて寄り添っていくことです。そのためには一時的なケアや対面的なケアだけでなく、持続性と拡がりをもった協働的なケアの場を構築することも重要になります。

自助から共助へ

そこで注目されるのが、いわゆる「自助グループ」すなわち悲嘆に向き合う当事者たちが集い、その苦悩を互いに分かち合い、支え合っていくコミュニティの活動です。医療やカウンセリングなどの専門知識を持った人や、宗教家などがかかわる場合は、当事者とのあいだに垂直的な距離が生まれてしまい、本当に心を開くことが難しい場合があります。しかし、類似の苦悩や、違ったかたちの悲しみを抱える人同士が、それぞれの思いを語り合い、また自分自身も「聴き手」となって他者と向き合う経験は、ただ一対一で「傾聴してもらう」からでは得られない癒しや、新たな発見をもたらすことがあるのです。

自助グループと言うと、「遺族会」のように特定の事情を共有しつながっているグループがまず思い浮かびますが、最近は「生と死」をめぐる多様な苦悩に開かれた、さまざまな形態の活動が行われています。講演会やコンサートなどのイベント、勉強会などを通じて、こうした活動は社会に発信しつつ、ケアの輪を拡げているのです。それは傾聴を共有する場を通じて、ケアの協働性を具体化していく試みと言えるでしょう。

こうしたグループの活動には、当事者たちだけによる「自助」にとどまらず、

さまざまな苦悩を持つ人が、「苦悩」というキーワードで結びついて、支え合いの輪を拡げていく「共助」の発想があると言えます。そして、こうした拡がりこそが、苦悩する当事者と、公的な医療・福祉などの専門家のあいだをつなぐ力になるのではないでしょうか。

6．おわりに

さて、こうしたケアの拡がりは、スピリチュアルケアの本質とも密接にかかわっているものだと言えないでしょうか。私たちを「人間」として生かすのは、互いを人間として受け入れ、支え合うケア的かかわりと、その協働性の力なのです。「スピリチュアリティ」は宗教家や熟達した専門家、徳の高い個人の専有物ではなく、むしろ人が寄り添い、互いに言葉や眼差しを交わし合い、支え合って生きる「場」においてこそ育まれ、感じ取られる共有物であるべきでしょう。既成の宗教の力が弱体化していく時代だからこそ、私たちは苦悩を見つめることを通じて、特定の宗派や信条を超えて人と人とが共鳴し合う、いわば「真のスピリチュアリティ」へと招かれているのです。

【参考文献】
・入江杏『悲しみを生きる力に』岩波ジュニア新書、2013年
・神谷美恵子『こころの旅』みすず書房、1982年
・キッペス,W『スピリチュアルケア』(改訂版) サンパウロ、2010年
・キューブラー・ロス,E『死ぬ瞬間』鈴木晶訳、中公文庫、2001年
・キューブラー・ロス,E『「死ぬ瞬間」と死後の生』鈴木晶訳、中公文庫、2001年
・鈴木大拙『日本的霊性』岩波文庫、1972年
・高木慶子編『グリーフケア入門』勁草書房、2012年
・谷田憲俊、大下大圓、伊藤高章編『対話・コミュニケーションから学ぶスピリチュアルケア』診断と治療社、2011年
・ドゥブレイ,C『シシリー・ソンダース』若林一美訳、日本看護協会出版会、1989年
・ハイデガー,M『存在と時間』原佑・渡邊二郎訳、中央公論新社、2003年
・淀川キリスト教病院ホスピス編『緩和ケアマニュアル 第5版』最新医学社、2005年
・新共同訳『聖書』日本聖書協会、1988年

コラム　キューブラー・ロス

　E.キューブラー・ロスの著作『死ぬ瞬間（Death and Dying）』は、誰もがいつかは向き合う「死」という出来事についての学問的研究（「死生学」thanatology）の先駆的な著作として話題を集め、日本でも大ベストセラーとなりました。キューブラー・ロスは1926年スイスに生まれ、十代の多感な時期に戦争の惨禍を目の当たりにしながら、医療の道に進むことを決意します。戦後アメリカに移住し、精神科医として勤務していた彼女が死についての研究に取り組み始めたのは、1965年にシカゴ神学校の学生たちから

Photo by @Peta_de_Aztlan-Kubler-Ross-Collage(2009) /Adapted.

「人生最大の危機としての死」についての研究への助力を求められたことがきっかけでした。そこから200名以上の終生期患者へのインタビューが行われ、また「死とその過程」についての学際的なセミナーが発足し、その成果がこの著作に結実していったのです。

　原著のタイトルにある"Dying"とは「死にゆくこと」つまりその過程を意味するものですから、死の瞬間にどうなるかについて書かれているわけではありません。ただキューブラー・ロス自身は「死ぬ瞬間にどうなるか」についての興味を抱き続けていたようで、いわゆる「臨死体験」についての研究も行い、やがてみずからもそうした神秘的体験を得て、後年は「死後の生」についても積極的に語るようになっていきました。もちろん「臨死体験」は決して死そのものの体験ではありません。死とは「追い越すことが不可能な出来事」（ハイデガー）であり、死者が死後の様子を教えてくれることがありえないということは、知性的には明らかです。そして彼女もそのことは承知のうえで、あえてそうした体験の意味を追い求めたのだと思われます。

　キューブラー・ロスは人間を構成する要素を肉体的、感情的、知性的、そして霊的＝直観的なものの4つと捉えていました。この4つの部分が互いに調和を保つように働くことで、人は苦悩や悲嘆、憎しみなどの状態を乗り越えていくことができると考えたのです。4つの部分の調和のために必要とされるのは、肉体的存在であることを受け入れ、自然な感情を過度に抑え込むことなく表に出して分かち合うこと、そして無条件に愛し愛されることを学ぶことです。こうした調和を意識しながら、彼女はしだいに自分自身の「霊的・直観的側面」に触れることができるようになった、と述

べています。［キューブラー・ロス、2001: 175-7］

　キューブラー・ロスの考える「霊性」はユング心理学の影響もあって、象徴性や神秘性が強調されています。その是非はともかく、彼女がそこで「直観」を重視していることを見落としてはならないでしょう。それは合理性や知的思考だけでは捉えられない、それぞれの人生の物語の深い水脈から湧き出るイメージであり、思考であると言えます。死という苦悩の中にある人は、その時の身体や感情、そして知性の束縛によって、自分自身の存在をトータルに受容することが難しい状況にあります。そうした人の救いとなるのは、この束縛を超えたものとのつながりを意識できるような思考と対話の場であり、直観とはいわばその入り口なのだと考えるべきでしょう。

　「知識は役に立つけれど、知識だけでは誰も救うことはできないと申し上げたいのです。たんに頭だけではなく、心と魂を使わなくては、一人の人間だって救えません」「真の愛と配慮があれば、本当の意味で人を救うことができる」そしてそれを教えてくれたことは「患者たちが私にくれた最高の贈り物」だった、と彼女は述べるのです［キューブラー・ロス、2001: 25］。

第4章
福祉（ふだんの・くらしの・しあわせ）

1．孤独・孤立の現状

　「家族以外の人と交流のない人」の割合が、日本では15.3％となっており、日本人の他者との交流が、OECD（経済協力開発機構）加盟国中、最下位であることが示されました（図1）。

　また、内閣官房の孤独・孤立対策担当室（現、内閣府 孤独・孤立対策推進室）により、「孤独・孤立の実態把握に関する全国調査」が令和3年から毎年

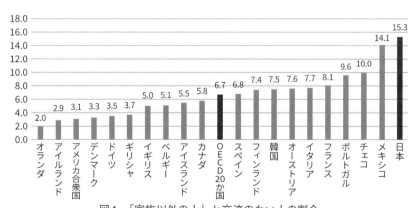

図1　「家族以外の人」と交流のない人の割合
（出典：OECD『図表でみる世界の社会問題 OECD社会政策指標－貧困・不平等・社会的排除の国際比較』（2006）を基に筆者作成）

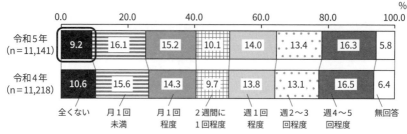

図2 同居していない家族や友人たちと直接会って話す頻度
(出典：内閣府「孤独・孤立の実態把握に関する全国調査（令和5年実施）」)

行われています。令和5年の調査結果では、「同居していない家族や友人たちと直接会って話すことが全くない」と回答した人の割合が9.2%となっており、おおよそ10人に1人は、他者との会話が全くないという数値が示されました。同じ調査からは、「他者との交流は月1回未満」と回答された人が16.1%、「全くない」と「月1回未満」を合わせると25%を超えています。さらに、「月1回程度」という回答を含めると、なんと4割を超える人が、「同居していない家族や友人たちと直接会って話すことがない」と回答されています（図2）。

この調査は、令和3年から始まり、毎年同様な値となっています。具体的に言うと、「全くない」の値は2年間で2%改善しましたが、月1回未満、月1回程度までの合計では、3年とも約40％となっており、ほぼ同様の結果といえます。また、同じ全国調査で、「社会活動への参加状況」についても尋ねていますが、51.8%の方が「社会に参加をしていない」と答えており、「いずれかの活動に参加している」と回答した人の割合（47.4%）を上回っていました。このことについても、3年間の推移では大きな変化や改善は見られませんでした。

この他にも、内閣府により「社会意識に関する世論調査」が毎年行われていますが、令和5年11月調査では、図3で示しているとおり、「現在の地域での付き合いの程度」という項目で、「付き合っている」という回答をした人が全体で半数を少し超える程度の値となっており、「全く付き合っていない」と「あまり付き合っていない」の値が年々上昇し、44.4%と半数を占めそうな状況になっています。また、この調査結果を年齢別に見ると、18歳以上と29歳までは、3割程度の方が付き合っていると回答しており、70代以上になると、

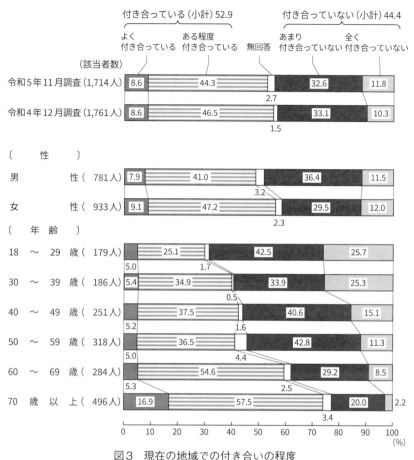

図3　現在の地域での付き合いの程度
（出典：内閣府「社会意識に関する世論調査（令和5年11月調査）」）

7割以上の方が付き合っていると回答しています。付き合う度合いは増えているものの、50年後に今の20代が70代になった時点で、その値が今と同じように増加し、7割を超えるとは予想しがたいと感じます。1988年から2014年までの調査結果から高齢者のみを取り出し、近隣とのつながりの状況を確認してみると、年々つながりの状況は減少しており、「親しく付き合っている」という項目では、1988年に64.4%だったものから2014年には31.9%と半減以上の減少となっています。

孤独・孤立の社会的背景

次に、なぜこのように地域での付き合いの程度が減少してきたのか、その中から孤独・孤立ということが生まれてきたのか、社会的背景について確認をしていきたいと思います。

高度経済成長期以降の日本社会では、夫である男性は外（会社）で仕事をし、妻である女性は内（家）で家事や育児、買い物などを担う、という家庭内での役割分業が進みました。男性は妻子を養い、女性は家庭を守るといった、そんな認識が深まりました。そうした時代から、現代では賃金労働化がさらに進むと同時に、少子高齢化や人口減少等が進み、男女平等やジェンダーレス意識だけでなく、働き手不足ということからも、女性の社会進出が進み、共働き家庭が当たり前の社会へと変化してきました。

このように高度経済成長期以降、家族構成や働き方が変わり、賃金労働化等が進んできましたが、身の回りに物があふれ、物質的には豊かになったとされています。しかし、物質が豊かな社会になると、地域社会の中で、集団で協力・協働して取り組む機会や、その必要性は減少してきたと言えます。例えば、身近な親族が亡くなった時のことを想像してください。以前は、近所で助け合いながら自宅で葬儀をあげることが多かったのではないでしょうか。そこでは地域の習慣等に従い、役割分担して、生前の故人に思いを馳せながら、時間や手間をかけて、身近な人たちが死を受け入れられる時間を惜しまず、見送りができていたように思います。

しかし、核家族化が進んだ現代社会では、アパートやマンション暮らしなどが進み、そもそも地域と交わらない人たちも増え、隣同士であっても見ず知らずという関係が増えています。このような中では、近所で助け合いながら亡くなった方を見送るということにはなりません。近年では、自宅葬ではなく、葬儀会社での葬儀が当たり前となり、さらにコロナ禍の影響もあり、葬儀会社の一室でひっそりと家族のみで行う「家族葬」と呼ばれる形態での葬儀が主流となっています。お金さえあれば、近隣の助け合いの力がなくても、時間や手間をかけなくても故人を見送ることができる時代になってしまいました。

2．意図的に「つながり」をつくる

　このような時代の中で、地域の中での深いつながりを望まないという人が増えてきています。こうした人たちの中には、目的に合わせて自由に移り住むという暮らしも可能であり、暮らしが地域に根付きにくい、という世の中になっているのではないでしょうか。生活していく中での問題は、家庭内の問題にとどまっていて、それを地域で解決するとか、集団で解決しなければならないとかいった意識は薄らいでいるのだと思います。このようなことから、個人の問題に対して、地域が踏み込んでいきにくく、踏み込んでいっていいのか判断しにくい時代になっているのだと思います。

　お隣やご近所、自身の暮す地域では、地縁関係を基にした、助け合い、支え合いといった、お互いさまに支援しあうという関係性は薄らいでいます。そんな中、何か生活上の問題があったとしても、それは個人の問題だとされ、個人の問題には地域が踏み込めなくて、そもそも個人的に何か問題を抱えていたとしても、近隣住民や地域からの支援を拒否してしまうという暮らし方に変わってきています。遠慮しているとも捉えられますが、拒否している事実に変わりはありません、もちろん拒否する原因もさまざまに考えられますが、まさに寂しさへの介入ができない時代になっているのではないでしょうか。地域の中での関係性をこのまま放っておくと、こうしたつながりや支え合い、助け合いのできない地域の状況は、どんどん進展してしまうのではないでしょうか。

　昭和初期の時代にあったような、地域の中での関係性が自然発生的に生まれ、つながりあい、そのつながりが強まっていくような時代ではありません。以前はどこにでもあった井戸端会議のようなイメージの取り組みが残っている地域はなくなりつつあります。自然発生的なつながりに依存し、自然発生的なつながりを期待する時代ではなくなっています。地域の中で助け合い、支え合いを求めるなら、意図的につながりを作っていかなければならないのが現代ではないでしょうか。こうした意図的なつながりを作っていく必要性が増していると思われます。

3．福祉（ふだんの・くらしの・しあわせ）とは

次に、なぜ意図的にでも「つながり」を作っていかなければならないのでしょうか。

ここでは、「福祉」という言葉について考えていくところから始めたいと思います。従来から地域で福祉活動を実践してきた社会福祉協議会では、「福祉」をひらがなに展開し、「ふくし」を「（ふ）普段の（く）暮らしの（し）幸せ」と頭文字をとって「ふくし」を伝えてきました。この「ふだんの・くらしの・しあわせ」ですが、まず前半の「ふだんのくらし」については、憲法25条の生存権のことを言っています。さらに、「しあわせ」については、憲法13条で保障されている幸福追求権のことを示している言葉だと言えます。

原田（2009）は、福祉を「人がどう生き、どう老いていくか、人と人とがどう関わっていくか、ということが福祉である」と言っています。このことは、家庭や地域の中で人が育っていく過程の中で、自然に伝えられてきたことで、意図的に伝えてきたことではなく、自然に伝えられてきたことでしたが、今の時代では、これらのことも意図的、さらには計画的に伝えていかなければならない時代となっているのではないでしょうか。

地域の中の様子をみると、反福祉的な状況がひどくなっています。例えば、介護殺人や虐待、自殺といった統計では、それらの問題がどんどん増加しています。人間の存在そのものが否定されているとも捉えざるを得ない時代になってきています。命や他者とどう向き合っていけば良いのか、生きる力が脆弱化している時代と捉えなければなりません。関係性の貧困、人間関係の希薄化、血縁関係、地縁関係、社縁関係といった縁が脆弱化しています。このような世の中で、子どもたちの「体験格差」が広がっていることが、今井（2024）などから報告されています。

世界幸福度ランキング

世界幸福度ランキング（World Happiness Report、国連持続可能開発ソ

リューション）によると、2024年の日本の幸福度は、143カ国中、51位（2023年は47位）となっています。上位を占めるのは、1位フィンランド、2位デンマーク、3位アイスランド、4位スウェーデンと、北欧諸国が上位を占めています。一方で、最下位はアフガニスタン、ワースト2位はレバノンといった紛争の影響を受けている国々です。これらの国では、幸福度が著しく低いとされています。この幸福度の指標は、1人当たりのGDPや社会的支援、健康寿命など、日本も上位を占めそうな項目がならんでいます。しかし、日本では、「人生の選択の自由度」や「寛容さ」に課題があるとされており、日本人の幸福度を下げているとされています。

　日本人が不得意で課題があるとされている「人生の選択度」について、どう考えればよいでしょうか。例えば、大学4年生などは、「もし就職活動に失敗してしまったら、もう私の人生は終わりです」や「ブラック企業だったらどうしよう、もしそんな企業に就職してしまったら取り返しがつかないし、そう考えるだけでお先真っ暗です」などという学生もいます。果たして本当にそうなのでしょうか。私たちが暮らす現代では、働き手不足や担い手不足が進んでいますし、再就職支援策も充実しているように思います。再就職のことだけでなく、人生はいくらでもやり直しができるはずです。一度や二度、就職に失敗したからといっても、その企業以外に就労や人生の選択がないというような世の中ではないはずです。こうしたことからも、現実をもっと的確に知り、人生をもっと自由に選択しながら過ごすことができるよう情報の共有から始め、誰もが自由に選択できる人生を意識していく必要があるのではないでしょうか。

　さらに、日本人に課題があるとされる「寛容さ」についてはどうでしょうか。「寛容さ」についても捉え方、考え方という側面もあるのではないかと思います。「寛容さ」には、その度合いを測るための統一した基準（スケール）があるわけではありません。そうだとすると、その捉え方により度合いは変化するということになります。日本人の捉え方、感じ方だけではないと思いますが、「人生の選択度が少ない」とか、「寛容さに欠ける」とするなら、これからどう改善できるのか、そのためにどうチャレンジすることができるのか等について、考えていかなければいけないテーマではないかと思いませんか。

ウェルビーイング（Well-being）

ここで紹介した「世界幸福党ランキング」には、ウェルビーイングという言葉が用いられています。ウェルビーイングというのは、ウェルの「良い」ということと、ビーイングの「状態」ということが合わさった単語で、直訳すると「良い状態」ということになります。福祉の場面では、このウェルビーイングを端的に「幸せ」として捉えています。福祉の「福」も「祉」も、どちらの漢字の意味も「幸せ」という意味が含まれています。「福祉」と「幸せ」という字は繋がっています。ウェルビーイングは、「個人や社会の良い状態」とされていますし、WHO（世界保健機関）では、ウェルビーイングを「健康と同様に日常生活の一要素であり、社会的、経済的、環境的な状況によって決定される」としています。

このウェルビーイングには、客観的なウェルビーイングである平均寿命や生涯賃金、失業率やGDP、大学進学率や家賃、労働や休暇など、数字で統計データとして測れる指標と主観的なウェルビーイングで構成されています。

主観的なウェルビーイングは、人生の幸福感や満足感、さらには生活への自己評価や、嬉しい、楽しいなどといった感情がその指標とされています。主観的ですから、感じ方は一人ひとり違うはずです。このようにウェルビーイングには、統計データで測ることのできる、客観的なウェルビーイングと、統計データとしては測り得ない主観的なウェルビーイングとで構成されています。あなたの今のウェルビーイングはどうでしょうか。まずは自分自身のウェルビーイングについて考えてみることも大切だと思います。

ウェルビーイング（Well-being）を高める秘訣

このウェルビーイングですが、個人のウェルビーイングを高めるための秘訣があるとされています。Rath and Harter（2010）は、ウェルビーイングを「キャリアウェルビーイング」、「ソーシャルウェルビーイング」、「ファイナンシャルウェルビーイング」、「フィジカルウェルビーイング」、「コミュニティウェルビーイング」の5つに分類しています。このうち、客観的なウェルビーイングの度合いが高いものとして、「キャリアウェルビーイング」や「ファイ

ナンシャルウェルビーイング」が考えられます。しかし、「キャリアウェルビーイング」に挙げられているものの中でも、仕事の納得感や日々の仕事が楽しいかどうか等は、なかなか客観的には測定できない指標もあります。このように「キャリアウェルビーイング」であっても、主観的に日々の仕事が楽しいかどうかということも大きな指標となります。

　さらには、他者との深い関わりや愛情を持った関わりができているかどうかというウェルビーイングとして「ソーシャルウェルビーイング」があるとしています。このウェルビーイングは、主観的なウェルビーイングが中心であり、自分の今の感情がどうなのか、想いや人との関わりがどうなのかということが重大な測定の要素となっています。この他にも客観的な数字で表しやすいウェルビーイングとして、「フィジカルウェルビーイング」もあります。ただし、心や体の健康である「フィジカルウェルビーイング」についても、主観的にも客観的にも捉えなければならない要素だと言えます。また、5つ目の「コミュニティウェルビーイング」については、地域とつながっているかどうかという個人の想いや感じ方ですから、何時間だとか、何日間だとか、関わっている時間数で測れるものではありません。自分自身が、どう地域とつながっているのか、という思いや、そのことへの感情、感覚的な話になるのではないでしょうか。

　こうしたウェルビーイングをそれぞれが高めていくために、他者との深い関わりや、愛情を持った関わり、地域と深いつながりや関わりが大切な要素といえます。例えば、日本では代表的な地域との関わりとして「祭り」があります。地域で行われているさまざまな「祭り」が、積極的に継続している地域は良い地域だとか、そんな地域はすごく素敵な地域だと言われていますが、皆さんの地域の様子はいかがでしょうか。

4．おわりに

繰り返しになりますが、地域の中では、介護殺人や虐待、自殺といった反福祉的な状況がひどくなっています。人間の存在そのものが否定されている時代だと言っても過言ではありません。

「福祉（ふくし）」とは、「ふだんの・くらしの・しあわせ」であり、それは、憲法25条の「生存権」の保障や憲法13条の「幸福追求権」を保障するという考え方であり、取り組みです。こうした日常生活の中にある「福祉」が体得できておらず、自分の福祉も他人の福祉も意識できていない時代なのではないでしょうか。

私たちは、これまで家庭や地域の中で、人が育つ課程で自然に伝えられ、獲得してきた「人がどう生き、どう老いていくか、人と人とがどう関わっていくか」という「福祉」が十分に学べていません。「命や他者とどう向き合っていけば良いか」獲得できていないのです。今を生きる人びとの「生きる力」が弱まっている時代だと捉えなければなりません。関係性の貧困や人間関係の希薄化等により、血縁関係、地縁関係、社縁関係といった「縁」が脆弱化しているため、命や他者との向き合い方を、意図的、計画的に伝えていかなければならない時代になっています。

また、地域住民の脆弱な関係性をこのまま放っておくと、つながりや支え合い、助け合いのできない地域の状況も、どんどん進展してしまうのではないでしょうか。自然発生的なつながりを期待し、自然発生的なつながりに依存できる時代ではなくなっています。地域の中で助け合い、支え合いを求めるなら、意図的につながりを作っていかなければならないのが現代ではないでしょうか。こうした意図的なつながりを作っていく必要性が増している時代だと思われます。このような時代の中、私たちは何から始めていくことができるのでしょうか。自分たちの暮す地域の状況をしっかりと認識し、身近にできることから始めてみませんか。

【引用文献】

今井 悠介（2024）『体験格差』講談社現代新書
OECD 編著，麻生裕子訳（2006）『図表でみる世界の社会問題 OECD 社会政策指標－貧困・不平等・社会的排除の国際比較』明石書店
内閣府（2024）「孤独・孤立の実態把握に関する全国調査」https://www.cao.go.jp/kodoku_ koritsu/ torikumi/zenkokuchousa.html（最終閲覧日2024年12月10日）
内閣府（2024）「社会意識に関する世論調査」https://survey.gov-online.go.jp/r05/r05-shakai/（最終閲覧日2024年12月10日）
原田正樹（2009）『共に生きるということ共に学びあうこと』大学図書出版
Helliwell, et al.（2024）「World Happiness Report 2024」https://worldhappiness.report/（最終閲覧日2024年12月10日）
Rath, T. & Harter, J.（2010）『Wellbeing: The Five Essential Elements』GALLUP PRESS

私たちが目指す「自立」

　生活保護行政や生活困窮者自立支援制度では、「自立」の定義を「日常生活自立」から「社会生活自立」、「経済的自立」へと3段階の「自立」として、階段を登り、ステップアップするようなイメージで伝えています。しかし、本当にステップアップなのでしょうか？「自立」の最初のステップとして、「日常生活自立」があるとされていますが、筆者の日常生活を振り返って考えてみると違和感があります。毎朝、妻に起され、着替えや朝ごはんを用意してもらい、心地よく送り出してもらう。という日常生活を送っていますが、こんなにも妻に依存しながら生活していて、「日常生活自立」ができていると言えるのかということです。このような様子では、自分だけの力で、一人で立つという「自立」には程遠いように感じます。

　では、なぜ生活保護を受給している人や生活困窮とされる人、ひきこもり状態の人等が、より「自立」できていないとされるのでしょうか。その理由として考えられるのは、頼る人がいない、助けてほしいと言葉にできにくい、誰かに頼ろうとしないなど、まさに「受援力」が低いと言われている人が、「自立」ができないという評価につながっているのではないでしょうか。「自立」を阻害されている人は、他者の援助を受け（られ）ずに、自分自身の力だけで立って（立とうとして）いるからなのではないでしょうか。

　例えば、脊髄を損傷し重度の身体障害があり自力で動くことができない人が、ヘルパーさんに身なりを整えてもらい外出する場面を思い浮かべた時、自分だけで着替えができなければ、自立ができない人だと捉えるのでしょうか。障害があったとしても、さまざまな制度や仕組み、能力等を活用しながら社会活動に参加できるのであれば、それは「日常生活自立」や「社会生活自立」が果たせていると捉えられるはずです。そう考えると、「日常生活自立」、「社会生活自立」、「経済的自立」といった、どの自立を捉えても、自分一人でなんとかしようとするのではなく、誰かに頼りながら「自立」すべきだと思いませんか。

　さらに、誰かに頼るだけという関係ではなく、誰かからも頼られながら自立するという、双方向性も大切にすべきです。「持ちつもたれつ」や「相互実現的自立」の関係とも言えます。このようなお互いさまの関係の中で私たちは「自立」しているということを自覚しなければなりません。地域の中でお互いに支え合いながら、豊かに生活していこうとする考えを「ケアリングコミュニティ」と言います。

第5章
ひきこもり支援と地域共生社会

1．シンパシーとエンパシー

「シンパシー」と「エンパシー」という言葉から考えていきたいと思います。「シンパシー」については、これまでにたびたび耳にしてきた言葉ではないでしょうか。この「シンパシー」とは、共感や同感という気持ち（feeling）や心の動きだとされています。「辛かったね、頑張ったね、楽しかったね、うれしかったね、悲しかったね」といった、相手の気持ちに寄り添い、共感する、同感するという、相手の感情に同調していくような心の動きのことです。一方で、「エンパシー」は、同じように相手の立場に立って共感したり同感したりという心の動きですが、シンパシーと違って、自分と違う価値観や理念、考え方を持った人に寄り添うという能力（ability）のことを言います。自分とは違う価値観の相手が、何を考えているのか、どう感じているのかを想像しながら共感や同感するといった「力」のことです。同じような共感や同感といった感覚や感性のことを指しますが、気持ち（feeling）と能力（ability）との違いがあり、エンパシーは能力（ability）ですから、トレーニングすれば伸ばすことができる「力」だと言えます。

「いじめ」の場面でのエンパシー

　ここでエンパシーの例をお示しします。小学校6年生の男の子が、小学校4年生の男の子をいじめている現場を目撃したとします。その時に、「つらかったね、さみしかったね、大変だったね」と声をかけました。この言葉かけの対象は、どちら側だと思いましたか。

　この時に声をかけた相手が、「いじめた側」だとしたら、違和感があるのではないでしょうか。普通なら、「いじめられている側」にかけた言葉のように感じられるのだと思います。

　先ほどのエンパシーを活用して、おそらく自分とは違う立場である「いじめた側」の立場に立って、いじめをしてしまった側の男の子に寄り添い、「いじめた側」の彼の気持ちを考えてみてほしいと思います。なぜこの子はいじめてしまったのでしょうか。

　例えば、朝出かけようとしたとき、親からひどく叱られるという辛い出来事があったとしたらどうでしょうか。むしゃくしゃした気持ちを抱えて、とぼとぼと学校に向かっている姿を想像してみてください。そんな時、自分よりも年齢が低くて立場の弱い、そんな男の子が目の前で楽しそうに歩いていました。なんだかむしゃくしゃした感情を晴らしてしまおうと思い、ついつい、その男の子に感情を暴力という形でぶつけてしまいました。そうするとどうでしょうか。もちろんいじめや暴力はいけません。しかし、今までいじめられていた子だけに着目をしていたとしたら、暴力をふるった（いじめたように見えた）側にも何らかの理由があるかもしれないと考えられるのではないでしょうか。

　「いじめた側」にも寂しさや辛さ、悲しさがあるかもしれないという、そんな想像力を発揮することができないでしょうか。そう発揮して考えると、先ほど声をかけた「いじめた側」に、「辛かったね、寂しかったね、悲しかったね」という言葉も当てはまると思いませんか。もちろん「いじめられた側」へのケアも大切です。しかし、それだけでは不十分で、「いじめた側」に向けたケアも重要だと考えられます。そもそも根本的にいじめをなくそうと思うなら、むしろ「いじめている側」へのケアが重要なのではないでしょうか。エンパシーという、相手の気持ちに寄り添う、想像する、そんな能力を高めていただきた

いと思います。

「クラス対抗長縄跳び競争」の場面でのエンパシー

エンパシーといった考えやイメージを持って、クラス対抗長縄跳び競争の場面について、考えていただきたいと思います。

あなたは、クラス対抗長縄跳び競争のメンバーになりました。その時、皆さんだったらどんな気持ちでしょうか。「引っかかってしまったら、つまずいてしまったら、尻餅をついてしまったら、どうしよう」「他のクラスに負けてしまったらどうしよう」「自分が引っかからないといいな、つまずかないといいな」などと不安が募りませんか。クラス対抗ですから、自分のせいでクラスが負けてしまわないかと不安な気持ちにならないでしょうか。そんな場面を想像してみてください。

次に、目の前で飛んでいたクラスメイトの一人が引っかかってしまいました。あなたは、どんな気持ちになったでしょうか。「かわいそうだな」なのか、「なぜ引っかかってしまったの」「これで隣のクラスに負けてしまう」「次は引っかからないように飛ぼう」「早く、次を飛ばないと」なのか、「私が引っかからなくてよかった」なのか、どんな気持ちになるでしょうか。こうした出来事の場面で、自分がどのような気持ちになるのかを想像してみることは、自分自身の心の動きの傾向を知ることにつながります。これは、人と接するスキルを磨くために大切なことですし、コミュニケーション能力を高めるためのトレーニングにもなります。

では、実際に引っかかってしまった子は、その時にどのような気持ちになるでしょうか。「ごめん、悪かった、私のせいで、僕のせいで、このクラスが負けてしまうかもしれない」といった気持ちになったかもしれません。さらに、車椅子を利用している子や、運動の苦手な子が一緒に飛びたそうにしています。どう対応しましょうか。クラス対抗競技ですから、早く、確実に、たくさん、一生懸命、つまずかずに、引っかからずに飛べることに最大の価値がある、となってしまいがちだと思いますが、どうでしょうか（中井、2023）。

2．ひきこもりを生むメカニズム

　日本がまだ高度経済成長期だった頃のテレビCMに、「24時間働けますか？」という強烈なキャッチコピーの栄養ドリンクのコマーシャルがありました。皆さんはこのテレビCMを見たことがありますか。「24時間働けますか？」という強烈なメッセージですが、これを裏返して考えてみると、「24時間働けない、働き続けられない人は、この会社には不要なんだ」と捉えられないでしょうか。
　先ほどの長縄跳び競争のように、一生懸命がむしゃらに取り組めること、早くできること、たくさんできること、生産性が高いこと、人よりも良くできることが、当時の日本では、最優先課題として企業やその従業員に求められました。諸外国よりも、日本はクオリティが高くて、大量に生産でき、企業に最大限の利益をもたらすことができる。このことが最優先課題であり、最優先すべき価値だとされてきたのではないでしょうか。
　現代の子どもたちの暮らしの中にも、同じような現象が起こっています。先程の「クラス対抗長縄跳び競争」では、早く飛べる、たくさん飛べる、他のクラスよりもより多く飛べる。このことが最優先され、価値があるとされました。このような競争社会の中で、引っかかって、つまずいてしまった、尻餅をついてしまった子どもたちが、その輪の中から自ら離脱したり、他者からも無意識かもしれない排除が生まれていたりしているのではないかと思います。
　このように排除された挙句、不登校やひきこもり、最悪の場合、自殺という状態に陥ってしまっている現状があります。地域でひきこもりが起こるメカニズムには、周りの人たちの悪意ではなく、無意識の排除だったり、本人の遠慮や自己犠牲だったりするのではないでしょうか。ひきこもりの原因として捉えられがちな、「親の育て方のまずさ」や、「本人の怠け」といったことではないと思いませんか。たまたま偶然、長縄跳びを飛んでいたら、つまずいてしまった、尻餅をついてしまったというような、そんなことが原因となって、ひきこもりが生まれているように感じます。このような状況から発生してしまったひきこもりや不登校などといった、世の中からの排除や自ら身を引いてしまうと

いう状況を、社会の中でどう是正していくことができるのかを考えていかなければならないといった時代なのではないでしょうか。

3．地域の「ひきこもり支援」

　高度経済成長期に、生産性が高いこと、たくさん早く効率的にできることにこそ価値があるという世の中で排除され、それも無意識、無自覚に排除されてきた人たちが、ひきこもっているという世の中をどう変えていけるのでしょうか。まずは、身近なところで考え、先述の長縄跳びで引っかかった子にどう声をかけたら良いか考えるところから始めてはいかがでしょうか。声のかけ方として、「いいよ、いいよ、一緒に飛ぼう」と言えて、クラス対抗の競争だったとしても、競争するより一緒に飛び続け、達成感を得ることに、より価値があるという考え方に変えることはできないでしょうか。

　「もう一度入ってもいい？」と恐る恐る声が出せた友だちに、「あなたが入るとまた負けてしまうかもしれない」という気持ちになるのではなく、「いいよ、いいよ、一緒に入ろう、一緒に飛ぼう」と言えるような、そんな世の中にしていくことはできないでしょうか。

　一度つまずいて輪の外に出てしまった人の中には、「どうせもう何もできないし、やりたくもないし、放っておいて」といった気持ちになっている人もいます。それまで一緒に長縄跳びを飛んでいた仲間の一人だったとしたら、どのような声かけができるでしょうか。「もうやりたくないんだね。もう飛びたくないんだよね」といった声かけではなく、相手の立場に立って、エンパシーを駆使して、本当はどう考えているのだろうか。どうしたいと思っているのだろうかと、その人の想いや立場に立ち、思いを馳せて考えていただきたいと思います。

参加支援

　このように無意識で悪意のない排除が行われているとしたら、人びとの意識

をどう変えていくことができるでしょうか。例えば、参加の機会というのは、もっと多様に考えられないでしょうか。先述の長縄跳びの例だとしたら、縄を回す役割を担ってみるという参加はどうでしょうか。こうした参加も難しければ、一緒に手拍子をしたり、太鼓を叩いたりという参加ができるかもしれません。これも難しければ、一緒にリズムを取るために歌を歌ってみてもよいでしょうし、何回飛んだかを数えるという役割を担うという参加もあるかもしれません。長縄跳びへの参加というだけでもさまざまな工夫が考えられます。アイデア次第では、もっと多様な参加方法を見つけ出せるかもしれません。

地域における、ひきこもりの支援の現場では、このようなイメージでの支援を試み始めています。従来の支援イメージでは、支援者である専門職（医療関係者や心理的支援者等）が、長縄跳びに例えるなら、専門職が自ら縄を回す役割も担い、長縄跳びの中に入って、一緒に飛ぼうと声をかける役割も担うというイメージです。楽しい遊びやレクリエーションであるはずの長縄跳びを、治療として専門的支援者のみで行い、これが支援の形だ、という理解で実践されているイメージです。こうした支援の形に違和感がありませんか。地域の中でこの長縄跳びを一緒に跳ぶのは、地域住民の役割だと思いませんか。地域住民が一緒に縄を回して一緒に飛び、楽しい空間を作っていく。これがあるべき自然な姿ではないでしょうか。専門職と地域住民の役割分担が大切だと思います。

場を整える「地域づくりに向けた支援」

このような支援の形を作るためには、どうすれば良いでしょうか。まず支援者に求められる実践は、住民の活躍する場を整えることです。場が整ったら、次は住民に参加を促します。参加しようとしている住民にうまく声をかけていくことです。場が整ったら、やっと当事者の参加です。当事者には、場を整える場面からの参加も有効な支援になる場合があるとも考えられます。その場にさまざまな方が参加できれば、次は、その場を継続させることです。参加者への配慮ある声をかけが重要です。長縄跳びの場面であれば、「ゆっくり回して」「タイミングを大切に」「そろそろ休もうか」「失敗しても大丈夫だよ」「どうしたら一緒にみんなで飛べるか考えよう」といった声かけを、タイミングを見計

らいながら行う役割が、専門職に求められる役割です。このように役割分担をしたうえでの取り組みが地域で求められており、地域共生社会の実現ということを目指して推進されています。

また、社会福祉法第106条の4に定められた「重層的支援体制整備事業」では、市町村全体の支援機関と地域の関係者が、断らず受け止め、つながり続ける支援体制を構築することをコンセプトに、「属性を問わない相談支援」、「参加支援」、「地域づくりに向けた支援」の3つの支援を一体的に実施しています。「相談支援」から「参加支援」へつながり、さらに、「参加支援」から、「地域づくりに向けた支援」をどう作っていくのか。先述の長縄跳びへの多様な参加のイメージで実践していくことが求められています。

さらに、参加支援ということを考えたとき、長縄跳びだけに固執するのではなく、地域特性や参加者のニーズに合わせて、サッカーでも、バレーボールでも、野球でも、鬼ごっこでも、バドミントンでも、目的が達成されるのであれば、手段は多様である方が良いと思います。

地域の強みを生かした「参加支援」のための「場」を作る実践の展開が、各市町村に求められています。こうした「場」としての参加のきっかけ作りの取り組みが、専門職の役割であって、一緒に跳んだり楽しんだりすることが専門職に求められる役割ではないはずです。そのうえで、地域住民などが主体となって地域を作っていけるよう取り組むことが重要です。

地域住民だからこそ共感・共鳴できる

地域住民と専門職の役割分担の必要性は、長縄跳びのイメージでもお伝えしましたが、そもそも専門職と当事者には、上下関係や葛藤関係があるため、直接的に共感や共鳴できるのは地域住民であると、岡村（1974）は指摘しています。真に、当事者に共感や共鳴できるのは地域住民であり、地域住民だからこそ当事者の代弁ができるとも言っています。地域住民だからこそ共感したり共鳴したりできるし、いったん当事者に共感や共鳴をして、当事者のことを理解した地域住民は、専門職にそのことを代弁する機能があるとされています。

福祉の現場では、代弁という機能は専門職に求められる機能だとされていま

す。しかし、むしろ地域住民にその役割があるとされ、地域住民だからこそできると岡村は強調しています。まさに地域住民と専門職の役割分担が求められると50年以上前から言われているのです。

4．「ひきこもり」の実態

次に、「ひきこもり」の実態等について紹介していきます。内閣府が行った「こども・若者の意識と生活に関する調査（令和4年度）」によると、ひきこもり状態にある人は、15歳から39歳までに2.05％、40歳から64歳までに2.02％とされています。約50人に1人は、ひきこもり状態にあるということが、統計調査で明らかになりました。世帯構成人員は、1世帯平均2.21人（2020年国勢調査）なので、ひきこもり者が50人に1人だとすると、おおよそ20世帯に1人の割合で、ひきこもり者がいるというのが、私たちの住むまちの様子ということになります。20世帯に1人としましたが、ひきこもり状態の方がいる世帯の辛さやしんどさを考えると、竹中（2022）は、ひきこもる人の周りにいる2～3人の家族も「直接的当事者」であると指摘しています。実際には、こんなにも身近にひきこもり当事者がいるということがわかるのではないでしょうか。

作られてきた「ひきこもり」のイメージ

このひきこもりという現象は、およそ2000年頃から一般的な用語になりました。それ以前にもありましたが、2000年頃からひきこもりのイメージが作られてきました。ひきこもりのイメージは、その頃の報道を見ると、例えば、1992年12月の京都小学生殺害事件や、2000年1月の新潟柏崎市少女監禁事件、2000年5月の佐賀西鉄バスジャック事件のように、〇〇事件といった事件を発端に、ひきこもりという言葉が広まり、浸透していきました。おおよそ2年に1件程度の割合で大きな事件が報道されています。

2000年頃は、殺人事件だけでも年間約1,500件、凶悪犯では、約9,000件も

の事件が発生しています。一方で、ひきこもり当事者が引き起こしたとされる重大事件は、平均すると2年に1件程度です。このような状況にもかかわらず、ひきこもり当事者の人たちは犯罪予備軍だとか、怖い人だとか、危ない人のようなイメージが作られてきました。これは、報道のマイナス面としての大きな影響だと言えます（石川、2015）。

　先述の長縄跳びでのイメージのように、社会の中でつまずいてしまったことが原因で、自ら社会に貢献できない、競争社会のスピード感についていけないなどの思いを持って、自ら身を引いてしまうような心の優しい人たちが、ひきこもっている人たちの正確な理解だと思います。そうであるなら、犯罪予備軍というイメージには違和感を覚えざるを得ません。こうした様子から差別意識や偏見、スティグマといったことが生まれてきた歴史があります。また、ひきこもり状態にあるのは、親の育て方が悪いのではないかといった考えや、本人が甘えているのではないかといった考えについても、誤った考え方だと容易に理解できるのではないでしょうか。

　段階に応じた支援
　次に、ひきこもりの人たちへの支援について考えていきたいと思います。ひきこもりの人たちといっても、かなり状態に違いがあります。狭義のひきこもりとされる、殻の中に閉じこもっているような状態のひきこもり像が、多くの人のひきこもりへのイメージだと思います。もちろんこういった状態の場合もありますが、広義のひきこもり状態の捉え方は、図書館に行き本を読むことができる、コンビニエンスストアで買い物をする、家族とドライブに出かける、家族の介護をする、趣味や用事で外出をする、などといった、他者との関わりは敬遠しているが、外出等は可能な状態にある、というひきこもり状態の人も多くあります。

　ひきこもりの状態は、一般的に社会に目が向き始めると活動等にも変化がみられます。自分の殻に固く閉じこもっている様子の場面では、医療的ケアや心理的ケアが中心になります。一方で、社会に目が向き、社会に関わろうとしてきた場面では、先ほどお伝えした長縄跳びのようなチャンスを的確にとらえ、

地域住民とともに活動が始められるような地域社会に受け皿が用意されていることを目指したいと考えています。

しかし一方で、狭義のひきこもり状態である、殻の中に閉じこもっているような状態の時はどうでしょうか。このような時に、同じように無理やり強引に手を引いて社会と関われば良いのかというと、そうではありません。この状態のひきこもり状態の方へは、医療的ケアや心理的ケアが優先すると考えられます。しかし、それだけで良いとも言い切れません。そのような状態の時に、地域では関われないとか、関わる端緒がないということではないと考えています。

例えば、皆さんも高熱を出して学校を休んだ経験があるのではないでしょうか。高熱を出して学校を休んだ時に、友だちやクラスメイトが、その日にあった授業のプリントや手紙等を届けてくれた記憶はありませんか。そういった時に、友だちが持ってきてくれたプリントの端っこなどに、「〇〇くん、明日は一緒に学校に行こう」とか、「〇〇ちゃん、早く一緒に遊ぼうね」といったメッセージが託されていたら、なんだかすごく勇気が湧き、早く回復して、一緒に学校に行きたいな、一緒に遊びたいなという気持ちになりませんでしたか。

こうした経験を「ひきこもり」に置き換えて考えてみたとき、ぎゅっと自分の殻に閉じこもっている様子であっても、地域の皆さんから、「早く良くなって一緒に活動しよう」「地域の中には楽しいことや、嬉しいことがいっぱいあるよ」といったウェルビーイングが高まるようなメッセージが届いたら嬉しい気持ちにならないでしょうか。

「ソーシャルウェルビーイング」では、地域との深い関わりや、他者との深い関わり、愛情を持った関わりが重要であり、地域と関わることで、そのような関わりが期待できると捉えられれば、硬い殻に閉じこもっているようなひきこもり状態であっても、「いつかは外に向かって頑張っていきたい」「いつかは、みんなと一緒に楽しく社会に関わりたい」といった気持ちになるのではないでしょうか。こうしたメッセージを出し続けていくことこそが、求められる「ひきこもり支援」になるのではないでしょうか。ひきこもり支援には、医療的なケア、心理的なケアという従来型のケアがとても大切である一方、それだけでは社会と関わっていくことにつながらないのではないでしょうか。専門職から

の医療的ケアや心理的ケアと、家族からの愛情やケアを受けた後には、社会からの温かいメッセージ、安心や理解ある、関心がある、肯定的な関わり、信頼感や自己有用感を、そして自由な関わりを社会が用意し、待ち受けているといった社会の環境を整えていくことが求められています。専門職の関わりと家族の関わりに加え、地域の関わりとしての地域福祉（コミュニティソーシャルワーク）が重なることで、ひきこもりからの脱却につながっていくのだと考えています。

5．地域共生社会の実現

　地域共生社会とは、こういった取り組みから誰もが役割と生きがいを持つことのできる暮らしを、地域で実現することです。日本社会全体を捉えると、高齢化や少子化、人口減少が進む中で、福祉ニーズもひきこもりや孤独・孤立だけではなく、多様化・複雑化しています。人口減少で担い手が不足しています。血縁関係や地縁関係、社縁関係といったつながりも脆弱化しています。そんな現代で、人と人、人と社会がつながり支え合う取り組みが生まれやすい環境を整えていかなければならないのです。

縦割りを超える
　国では、地域共生社会を実現化するための３つの取り組みが進められようとしています。１つ目は、制度・分野ごとの「縦割り」を超えていくという関わりです。今までは、高齢者福祉、障害者福祉、児童福祉、生活困窮者支援といった縦割りの制度により支援が組み立てられ、行われてきました。この縦割りを否定するものではありません。従来の縦割りでの支援を尊重しつつ、その縦割りの間にある壁の高さを低くして、見通しの良い支援関係を作り、縦割りを超えると整理されています。見通しを良くして、風通しを良くすると、連携や協働が進むのではないか。そのような関係を作っていかなければならないというのが、支援者に求められる仕組みの一つ目です。

「支え手」と「受け手」という関係を超える

2つ目の取り組みとして、「支え手」と「受け手」という関係を超えるという取り組みが求められています。このことは、今まで地域の中でも支援者とされている人たちは支援をするだけ、被支援者や利用者、受け手とされている人たちは支援を受けるだけ、というイメージが大きな二者関係でした。岡村(1974)は、当事者と支援者という二者関係では対立構造が生まれるとしましたが、地域共生社会では、この「受け手」と「支え手」の関係を超えることが必要だと言っています。

支援者はよく「何かあったら、困ったことがあったら言ってきてね、知らせてね」と口にします。これは支援者として、口に出すことに抵抗が少なく、声をかけやすい言葉かけではないでしょうか。一方で、被支援者側、「受け手」とされる方々は、こうした言葉かけに対して、どうでしょうか。支援者は、「悪いけれど、このことをお願いしても良いだろうか」や「申し訳ないけれど、手伝ってもらえないだろうか」といったふうに声を出してもらうことを期待していないでしょうか。このような声かけは、「受け手」にしてみると、言葉に出しづらい、ハードルが高い言葉かけではないでしょうか。「助けて」というのは、実はなかなか勇気のいる言葉なのです。

考えてみてください。支援者は、ハードルの低い「何かあったら言ってね」という笑顔で伝えられる言葉かけです。一方で、被支援者とされる「受け手」側には、なかなか笑顔が出しにくい。頭を下げて、目は伏せがちになって、申し訳ないなという気持ちになって、支援者とされる方に、「手伝ってほしい」や「助けてほしい」という言葉かけを求めています。どちらの言葉が言い易く、どちらの言葉がより言い難い言葉でしょうか。「助けて」という方が、よりハードルが高い言葉だと思いませんか。そうであるなら、より「力」があるとされる支援者側に、この言葉を求めるということが良いのではないでしょうか。支援者側こそ、被支援者とされる受け手に向かって「すまないけれど」や「申し訳ないけれど」「助けてほしい」という難しい方、言いづらい方の言葉を口に出すというアプローチを求めてはいかがでしょうか。

言い換えれば、支援者にこそ、利用者、被支援者とされる人に助けを求めて

ほしいのです。役割を見つけると言った方が良いかもしれません。そうした人たちに「これやってくれない？」や「これをやってくれると助かるんだけれど」、「あなたがこれを手伝ってくれるとうれしい」「これをやってくれると地域が、この場が潤って助かる」といった言葉かけを求めてみてはどうでしょうか。

例えば、ふれあいサロンに利用者、受け手と思われる方を誘ったとします。声のかけ方として、「よかったらいつでも来てね。待ってるよ」などといった言葉がよく使われます。しかし、これだと受け手側は、何だかあの人に申し訳ないな。行くと迷惑をかけるんじゃないかな。そんな気持ちになるかもしれません。一方、支え手側が、「あなたが来てくれると助かるよ」や「来てくれている人へのお茶出しを手伝ってくれない。そうしてくれるとすごく助かるのよ」とか、元看護師さんだったとしたら、「あなたが来て健康チェックをしてくれると、来ている人たちに喜ばれると思うから手伝ってくれない？」そういった声かけをすると、そこに参加するハードルが下がるのではないでしょうか。このような声かけに変えると、参加をしようというハードルがぐっと下がり、「じゃあ、あなたに頼まれるなら行ってみようかしら。参加してみようかしら」という気持ちになり、参加につながっていくのではないでしょうか。そうだとすると、支え手とされる方こそ、「助けて、手伝って、あなたがこれをやってくれると、すごくありがたいんだけれど」といった声かけが有効なのではないでしょうか。

まさに支え手こそ、受け手側に回れるのだということですし、その様子から受け手とされていた方々が地域で活躍の場を見つけて、支え手側に回るという実践だということです。これが関係を超えるという取り組みです。

世代や分野を超えてつながる

さらに3点目として、地域住民や地域の多様な主体が参加をするために、人と人、人と資源が世代や分野を超えてつながるという取り組みが求められています。これまで福祉の現場には、福祉に関連がある、関心がある人の参加が圧倒的に多くを占めていました。何らかの福祉を必要とする人が参加をすることが中心でした。しかし、これからの時代は、すべての住民が一人ひとりの暮ら

しと生きがいをイメージしながら、共に地域を作っていく、そんな社会を形成していかなければいけません。誰もが世代や分野を超えてつながっていく実践こそ、地域共生社会の実現を目指した取り組みになります。これからの時代はここを目指した取り組みを進めていかなければならないのです。

6．おわりに

　少子高齢化、人口減少、孤独・孤立、差別、排除などの問題や、多様化・複雑化する福祉ニーズと、多様性（Diversity）、公平性（Equity）、包括性（Inclusion）などの理念を背景に、地域共生社会の実現を目指すことが、現代の至上命題とされています。

　これまでの福祉課題の解決方法では、まず、ひきこもり状態の方などへの個別支援を起点に、居場所やふれあいサロン、子ども食堂などの創出といった、個を支えるための場の創出などの参加支援に始まります。さらに、個の問題を地域の課題として捉え、社会とのつながるための社会資源を創出するなどに取り組んできました。

　しかし、これからは、そもそも福祉に関心を示して始まる活動ではなく、NPO等によるまちづくりなど興味・関心から始まる活動と、これまでの福祉活動との出会いやつながりが重要だとしています（厚生労働省、2019）。まちづくりなどの地域活動と福祉活動が出会い、気づきから始まる「場」（拠点、機会等）としての「地域づくり」のプラットフォームの展開が重要だということです。

　上述のひきこもりをはじめ、差別や排除が進み、参加の機会が損なわれている時代の中、複雑化、多様化した福祉ニーズの解決に向けて、地域から誰一人排除されない権利を護らなければなりません。地域共生社会を実現するため、「社会福祉法」第4条に規定されている地域福祉の推進を目指して、相談支援から参加支援、地域づくりに向けた支援を一体的に展開し、地域住民と専門職が役割分担と協働により、私たちは地域生活課題の解決に向けて取り組んでい

かなければならないのです。

【引用文献】
石川良子（2015）「社会問題としての「ひきこもり」（1）」松山大学論集第27巻第3号 pp.120-135

岡村重夫（1974）『地域福祉論』光生館

厚生労働省（2019）「第4回「地域共生社会に向けた包括的支援と多様な参加・協働に関する検討会」資料」https://www.mhlw.go.jp/content/12602000/000528818.pdf（最終閲覧日2024年12月10日）

竹中哲夫（2022）『ひきこもり支援者として生きて』かもがわ出版

内閣府（2023）「こども・若者の意識と生活に関する調査（令和4年度）」https://warp.da.ndl.go.jp/info:ndljp/pid/12772297/www8.cao.go.jp/youth/kenkyu/ishiki/r04/pdf-index.html（最終閲覧日2024年12月10日）

中井俊雄（2023）「孤独・孤立、ひきこもり状態にある者の基礎理解と支援の過程」『生活と福祉』（8月号）第809号，全国社会福祉協議会

コラム 「認める」と「褒める」

「認める」という言葉と、「褒める」という言葉について考えてみたいと思います。

まず、「認める」ですが、「認める（みとめる）」という言葉を分解して考えると、まず、「見る（みる）」と「留める（とどめる）」に分解できます。「認める」とは、「ありのままを見て、心にとどめること」だと言えるのではないでしょうか。

まず、「見る（みる）」についてですが、別の言い方をすると、「観察する」ということです。観察とは、「変化に気づく」ということです。ただ単に見ているだけではダメで、変化に気づいてこそ、「見る」ということができていると考えられます。観察していれば、「変化に気づく」ことができるはずです。「見る」とは、変化に気づくことです。変化に気づくことですから、言動を否定したり、誰かと比較したり、評価することではありません。こういったことが、相手を「認める」ための第一歩だと思います。

「あの人は分かってくれない」などと言われることがありますが、それは、まずは、相手の言い分をしっかり受け止めるということができておらず、相手を認めれていないからです。相手を認めるためには、変化に気づくこと、否定をしないこと、比較をしないこと、評価をしないこと、といった、まずは相手を「見る」ということができているかどうかです。これができれば、「あの人は分かってくれている」につながるのです。

次に、「褒める」ですが、褒めるには、コツがあります。人を褒めるときに、物や出来事を褒めてはいけません。例えば、「今日の料理は美味しいね」というのは、料理（モノ）を褒めています。そうではなくて、料理を作ってくれたあなた（人）が素敵だね、というふうに、「人」を褒めなければいけません。「素敵な服だね」は、服（モノ）を褒めているわけですから、「素敵な服を選んだ、あなたのセンスが素敵だね」といったように、相手（人）を褒めないといけないのです。

このように、「人」を褒めないと、「褒める」になりません。その時のちょっとしたコツもあります。その1つ目は、相手のことを「認める」ということです。変化に気づかないと、心に留まらないと褒めることにつながらないということです。2つ目は、当たり前でありきたりの日常に感謝し、褒めるということです。貴重でかけがえのない当たり前の日常を共に作ってくれている相手（人）に感謝し、当たり前を褒めるということが大切です。当たり前というのは、とても大切な毎日の連続であり、繰り返しです。当たり前であることが、どんなに幸せなのかということに思いを馳せ、「認める」や「褒める」ということを意識しながら日常を送っていきたいですね。

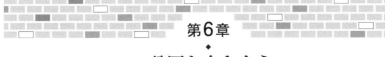

第6章

貧困と向き合う

1．「格差・不平等」と「貧困」

是認できない「貧困」

　近年、議論になっている問題として、国民の間での「格差」、あるいは「不平等」の広がりがあります。戦後の高度経済成長のなかで、低所得者の生活水準が上昇しました。その結果、「中流社会」と呼ばれる、比較的平等な社会が築かれてきたと認識されました。極端な富裕者も、極貧で苦しんでいる人も少なく、大部分の人がみずからを「中流」と認識する社会です。しかし、1990年代以降、所得格差が広がっていることが、いくつかの統計で確認されています。「上層」とみなされる職業の人の子どもが、親と同様に「上層」とみなされる職業に就く傾向にあって、階層が固定化しつつあることが指摘されました。感覚的にも、平等さが失われつつある実感があります。そのため、「格差」あるいは「不平等」が広がっているのか否か、広がっているとしてそれは是正すべきなのか、議論が活発になりました。

　ここで注意しなければならないのは、「格差」「不平等」と「貧困」は、同じ意味ではないということです。「格差」「不平等」と「貧困」との共通性も確かにあります。富裕者が存在しつつ、貧困な人が増えるということは、格差が拡大することでもあります。しかし、同一の概念ではないことにも注意が必要で

す。よく、「能力や技能が人によって違うのだから、格差があるのはむしろ当然だ」という意見があります。

　この意見が正当だとしても、貧困を是認することにはなりません。格差の最底辺にあたる人が、貧困ではなく一定の生活水準を保持している状態で、格差が拡大するのであれば、富裕な側が、より富裕になっているだけです。それなら、その意見も正当でしょう。しかし、現実には格差が拡大する場合は、貧困が拡大しているのです。「格差があって当然」という意見が、いつの間にか「貧困があって当然」というニュアンスになって伝わっていないか、注意が必要です。

絶対的貧困と相対的貧困

　わが国での貧困の存在を軽視する意見には、貧困の捉え方の歪みがあります。貧困について議論する場合、「絶対的貧困」と「相対的貧困」という2つの捉え方があることをみておかなければなりません。「絶対的貧困」とは、絶対的な基準を設定して、それより低い場合に貧困であると認識する捉え方です。絶対的基準とは、生存できるかどうかという、低い水準に設定されます。それより高い水準を定めようとすると、どの水準で定めるのか相対的になってしまうので、「絶対的」になりません。

　それに対して「相対的貧困」とは、社会全体の生活水準が向上すれば、対応して貧困の基準も向上するという捉え方です。この場合、同じような生活水準であっても時代や社会によって、貧困と認識されたりされなかったりします。たとえば、1955年頃にはテレビ放送は始まっていましたが（1953年開始）、まだテレビは高級品でした。こういう時代では、テレビが買えないというだけでは貧困とは言えないでしょう。しかし現在は、テレビは誰もが持つ必需品です。経済的理由でテレビがどうしても買えないという人がいれば、貧困であると考えられます。

　また、社会の発展のなかで、ある状況が社会的な常識、さらには強制にさえなります。たとえば現在、電話等の通信手段を持つことは、常識を超えて強制でさえあります。何らかの書類を書く場合、必ず名前や住所とともに、電話番

号を書きます。電話番号を記入せずに提出すれば、おそらく記入するよう指示されるでしょう。電話はあって当然になっているのです。もし経済的理由で電話が所持できないのであれば、今の日本では、相当な貧困と考えられます。

よく、「他の国では貧困のために、餓死したり、子どもが働かされたりしているが、日本ではそういうことはほとんどない。日本では貧困はなくなっている」という議論をする人がいます。確かに、最低限の食糧さえ無くて苦しんでいる人、医療を受けられなくて亡くなっていく人、教育を受ける機会を奪われている人などが、今なお世界で少なくないことを忘れてはなりません。しかし、そういう痛ましい人がいるからといって、それより上回っていることを理由に、日本で問題が存在しないかのように主張するのは、乱暴な議論ではないでしょうか。なぜなら、世界各地の悲惨な実態は人間の尊厳に照らして、あってはならないことです。あってはならないことを基準に、ものごとを判定するのは、あってはならないことを是認することになります。

わが国でも広がる相対的貧困

厚生労働省は、2009年10月にわが国の相対的貧困率の公表を初めて行いました。そこで公表された2007年の相対的貧困率は、日本全体で15.7％、子どもについては14.2％となっています。この相対的貧困率は、国民を高所得者から低所得者まで順番に並べたときの中央値を調べ、その半分に満たない世帯に属する人について、貧困であると考えます。資産の有無は考慮していないなど正確さを欠く面もあるとはいえ、相対的貧困に着目すると貧困が決して少数の例外的な問題ではなく、わが国に広がっている深刻な問題であることがわかります。しかも、国際的にみると、経済協力開発機構（OECDと略します。おおむね先進国が網羅されています）加盟の30カ国のなかで、貧困率の低い国から数えると、全体が27位、子どもが19位であり、「大人が一人で子どものいる世帯」に限ると、何と30位、つまりOECD加盟国中最悪になっています（『平成22年版厚生労働白書』）。そのうえ、2007年以降も改善の兆しはありません。

相対的貧困は、所得水準の高い国であれば、高い水準に設定されますので、

単純に日本人が低いレベルの生活をしているとは言えません。しかし、日本と比べて所得水準が決して低位ではないイギリス、フランス、オランダなどが日本よりずっと上位にあります。日本について、中流の人が多い国というイメージが流布されてきましたが、実は貧困が広がっている国なのです。

　もう1つの視点として、「見える貧困」と「見えない貧困」があります。「見える貧困」とは、家がない、食事が貧相で栄養が不足している、というように、外見からも貧困であることが歴然としている貧困です。「見えない貧困」とは、一見すると普通の生活をしているように見えますが、実際には不安定な生活になっていて、貧困な状態にあることです。現在の日本では、大量生産によって、生活必需品が安価で供給されています。そのため、服とか食べ物など、一通りの物はあるので、貧困らしくありません。しかし、内実は、医療費とか、子どもの教育費とかを支出する余裕がなく、厳しい生活をしている場合があります。「見える貧困」はもちろん大きな問題ですが、「見えない貧困」は外部から気づきにくいので、社会的な支援が必要な状態に陥っていても認識されず、支援が後手になりやすくなります。詳細は第7章で述べます。

2．貧困がなぜ問題か

人権が奪われている

　では、なぜ貧困を解決すべき課題として問わなければならないのでしょうか。

　第1に、貧困それ自体が、基本的人権が保障されていない状態にあるということです。日本国憲法では「健康で文化的な生活を営む権利」を基本的人権として規定しています。これを生存権と呼んでいますが、生存権とは単に「生きる」という権利を指しているのではなく、「健康で文化的」でなければならないという趣旨です。貧困な状態は、「健康で文化的」ではありませんので、基本的人権が侵害されている状態です。「健康で文化的な生活を営む権利」は、憲法で規定されているから権利なのではなく、すべての人に保障されるべき当然の権利と理解するべきです。人として生まれた以上、一定の教育を受け、住

宅に住み、健康を維持するのに必要な食事をすることは当然のことです。その当然の状態が損なわれているのが、貧困ですので、深刻な人権侵害が生じているわけです。

第2に、貧困であることで、社会とのつながりが切れてしまうことです、湯浅誠は、それを「五重の排除」として説明しています［湯浅、2008: 59-62］。すなわち、教育課程からの排除、企業福祉からの排除、家族福祉からの排除、公的福祉からの排除、自分自身からの排除です。貧困を伴う生活困難が起きる可能性は誰にもありますが、その場合に対応できるよう、いくつかの備えが存在します。本来なら、貧困な人にこそ、そうした備えが提供されなければならないのに、逆に排除されていると言うのです。さらに人は、他人とのつながりのなかで生きています。災害などの困難があっても、そうしたつながりがあれば、生きる意欲を回復して、新たな歩みをすることができます。つながりが切れると、経済的な困難にとどまらず、生活のあらゆる面で、つまずいていくことになり、悪循環に陥ります。

貧困の再生産

第3に、貧困がきっかけとなって、さらに別の問題が発生するということです。自殺、病気、孤独死、児童虐待などの問題が深刻な形で頻発しています。これらの原因はさまざまであり、高所得者であっても起きることはあります。しかし、貧困な人ほど頻度が高いと言われています。自殺の原因として、経済的な理由が大きな比重を占めています。健康についても、生活習慣などが主な要因と考えがちですが、近藤克則による研究によって、低い社会階層に罹病率や死亡率などの不健康が多いこと、不健康は特定の疾患にとどまらず広範な健康関連領域に及んでいること、「健康の不平等」は絶対的貧困の水準だけでなく、社会的経済的状態が相対的に低いことでも生じていることが示されています［近藤、2005: 56］。

第4に、貧困は再生産されやすいことです。貧困に陥った場合、その本人自身が脱することが困難であるだけではありません。貧困な人の家族、とりわけ子どもが再び貧困になってしまいます。貧困な家庭では、生活に余裕がないの

で、本を買ったり、スポーツに参加したりすることに限界があります。そのため、学力の形成が難しくなりがちです。また、大学はもちろん、高校への進学さえ、できなくなることがあります。その結果、所得の高い職業に就くことができず、子どもが成人したときに、貧困が継続してしまいます。

　第5に、社会連帯を阻害します。私たちは誰しも、自力で生きているのではなく、お互いに助け合いながら、生活を成り立たせています。この点は、ケアの相依性・協働性として、すでに指摘したところです（第2章参照）。医療保険や介護保険のような社会保障制度は、助け合いを制度化したものですし、日常生活の身近な場面でも、助け合いながら暮らしています。若い時には高齢者を支援し、自分が高齢者になったら助けてもらうというように。しかし、貧困になれば、生活に余裕がなくなって、助ける側に回る機会が乏しくなります。そうなると、助け合いの社会は成り立ちにくくなるでしょう。助け合いの力が弱い社会になると、その影響は、貧困な人だけでなく、貧困ではない人にも及ぶことになります。

　心の豊かさのために必要な経済的な支え
　「経済的に貧しくても、心の豊かさが大切」などという議論をする人もいます。それは、「所得を高めるためにがむしゃらに働くのではなく、ゆとりを持つべき」という趣旨ならよくわかりますが、貧困対策に取り組まなくても心の豊かさが獲得できればいい、という意図が混じっているとすれば、本質をそらす発想です。心の豊かさが、お金より価値があるのはそうでしょう。しかし、心の豊かさのためには、ある程度の経済的支えがあることが前提です。人と交わったり、本を読んだり、音楽を聴いたりするには、それなりの費用もかかります。貧困と心の豊かさが両立するのか、たとえば食事を毎日1食にして、どんな精神状態になるか、心の豊かさを感じ取れるか、試してみてください。

3. 貧困対策の限界

事後的な貧困対策

貧困について、政府も無策であったわけではありません。1874年には「恤救規則」といって、現在の生活保護にあたる制度が定められ、高齢者、病者、障害者、児童に限定されていましたが、若干の救済を行いました。1929年には「救護法」が制定され、救済対象が広がるなどの改善がなされ、利用者が約10倍に増えました。1937年に「母子保護法」が制定されます。戦後になると、1946年に「(旧)生活保護法」が制定され、国家責任による最低生活保障が定められました。1950年に改正されて、さらに改善されました。

生活保護法は、健康で文化的な生活を、すべての人に保障することをめざした制度です。しかし、あくまですでに貧困に陥った人を事後的に救済する制度です。しかも、みずから申請することが原則ですので(「申請保護の原則」と言います。例外もあります)、申請をためらってしまうと、支給されません。また、「補足性の原理」といって、貯金などの資産があれば保護を受ける前に使い切る、扶養を受けることのできる親族がいれば、その人からの扶養が優先される、といったルールがあります。こうしたルールが妨げとなって、困窮しているのに、利用していない人が少なくありません。

貧困の予防策としての年金とその限界

貧困を予防する制度として年金があります。年金とは、所得が減少するリスクをあらかじめ予測して保険料を徴収し、リスクが発生した場合に年金として現金を支給する制度です。日本は「国民皆年金」といって、日本に住所のある人は国籍にかかわりなく全員が加入することになっています。しかし、年金は、特定されたリスクにのみ対応します。具体的には、老齢、障がい、配偶者の死亡について想定した制度ですので、それ以外の原因で所得が減少した場合に対応することができません。年金の支給額自体、老齢基礎年金の支給額は月額約6万5,000円となっていますが、この金額だけでは、健康で文化的な生活には

とうてい足りません（会社や役所に勤務した人には、これに老齢厚生年金が加わりますので、もっと高くなります）。

　また、年金は保険料を支払うことが前提ですので、保険料が未納の期間があった場合、年金額が低くなり、最悪の場合は1円ももらえないこともあります。ではなぜ、保険料を支払わなかったかといえば、保険料を支払うだけの生活の余裕がなかったためです。貧困を防ぐ制度なのに、貧困な人が不利になる仕組みになっています（困窮した場合に保険料が免除される制度があります。その場合、障がいや配偶者の死亡によって年金を受ける場合には不利はありませんが、老齢によって年金を受け取る場合は、減額されます）。

　このほか、中学3年生までの子どもを養育する場合には、児童手当が支給されます。離婚などで母子・父子家庭になった場合には、児童扶養手当が支給されます。しかし、貧困を防ぐだけの金額ではありません。さらに、2015年から実施された「生活困窮者自立支援法」によって、生活困窮に陥ることを未然に防ぐ取り組みも始まっていますが、効果があるかどうかは、これからの課題です。

　以上のように、貧困について、ある程度の施策がなされてはいるのですが、それぞれ不十分な点があるために、貧困を防ぎきるには至っていないのが実態です。

4．貧困のリスク

リスクの高い人たち

　貧困は、他人ごとではありません。失業や家計を支えていた家族の死亡などによる突然の収入減、病気などによる予期しない出費など、貧困のきっかけは誰にでもあります。今、貧困でない人も、何かの事故などで貧困に陥る危険性は大いにあります。一方で、矛盾したことを言うようですが、貧困に陥りやすい、リスクの高い人がいます。

　第1に、すでに障がいや病気をもっている場合です。就職が困難であったり

するなど、収入が得られにくくなります。障害基礎年金（会社や役所に勤務している人には、さらに障害厚生年金）が該当したとしても、収入減をすべて補うほどではありません。しかも、そうでない人に比べ、余分な支出が必要です。障がいや病気があれば、徒歩で容易に行ける場所であっても、タクシーを使わなければならなくなります。

　第2に、低学歴の人です。中卒、あるいは高校中退といった学歴の人がいます。多額の収入が得られる職業は、より高い学歴を要求します。ごく一般的な職業であっても、高卒以上を要件とする場合が大半です。高所得が期待できる仕事は、大卒であることが前提である場合がほとんどです。学歴が低い場合、不安定で低賃金の職に就くしかなくなります。みずからの選択で中卒を選んだのではなく、家庭環境等のやむをえない理由が大部分ではないでしょうか。

　第3に、離島、中山間地域といった、都市部から遠く離れた地域に住んでいる場合です。こうした地域では安定的に働ける企業は少なく、就職の機会を得ることが困難です。あったとしても、低賃金が一般的です。農業に従事するとしても、平地が少ないなど、生産性が低い場合があります。「都市に移ればいいじゃないか」という意見もあるでしょうが、家族や親族との関係で、自分の意思だけで簡単に移れるものではありません。

女性と貧困

　さらに、親族との関係で貧困になりやすいのが、何といっても女性です。とりわけ、離婚した女性は深刻になりやすくなります。死別で夫を失った場合には、子どもがいれば遺族基礎年金、夫がサラリーマンであれば、子の有無にかかわりなく遺族厚生年金が受給できます。しかし、離婚の場合は、子どもがいれば児童扶養手当が受給できますが、年金よりも低額です。したがって就職するほかありません。わが国では、学校を卒業する時点では、女性でも正社員の就職ができますが、いったん専業主婦となり、ある程度の年月を経た後に、新たに就職しようとすると、特別な資格でもない限り、なかなか職がありません。結局、パートやアルバイトしかなく、低い時給で働くことになります。その一方、子どもがいると教育費などの支出が続きます。夫の暴力から逃げていて、

身を隠すためにパートですら働けない、などといったケースさえあります。

親族自体がほとんどいない人も貧困のリスクが高くなります。少子化や、未婚・離婚の増加などによって、親族の数が少なくなる傾向にあります。なかには、頼れる親族がほとんどいない人もいます。その場合、病気をしたり、失業して収入が激減したりした場合、援助してくれる人がいませんので、経済的にも、たちまち困ってしまうことになります。

こうした、リスクの高い人たちは、怠けているから、貧困なのでしょうか。努力だけで貧困から脱出できるのでしょうか。また、何らかの落ち度や努力不足があったからこうなったのでしょうか。いずれも本人の意思や努力とは無関係に、たまたまそういう状況に置かれてしまったものです。今、そうではない人は幸運だっただけにすぎません。しかも、こうしたリスクの高い人が実際に貧困に陥った場合、貧困から脱出することが、きわめて困難になるのです。

5．貧困の自己責任論

自己責任論による貧困者への批判

貧困について議論する時に絶えず語られるのは、自己責任ではないかという意見です。現実に貧困に陥っている人を見た場合に、過度な飲酒やギャンブル、薬物使用といった不適切な行動をとっているケースがあります。あるいは、その人の人生をたどっていくと、自分の意思での高校中退、未婚や未成年での出産、安易な借金といった、貧困をみずから招くような行動があったケースもあります。また、生活保護を長期間利用したことで、保護に依存するようになり、自立への意識が欠けているケースもあります。

現象的には、こうした人に出会うことが少なくありませんので、それを根拠として「貧困は自己責任にすぎない。したがって支援する必要はなく、やむなく支援するのなら、最小限であるべき」というのです。確かに、過度な飲酒をしているのであれば、そういう行動は改める必要がありますし、依存症と呼ばれる状況にあれば、医療的な支援によって治療することが必要でしょう。

「素行不良な者」とは誰か

　しかし、現象だけ見て、ただちに自己責任だと決め付けるのには飛躍があります。実は、「生活保護法」が最初に制定された1946年の時点では、欠格条項と呼ばれる規定がありました。すなわち、「能力があるにもかかわらず、勤労の意思のない者、勤労を怠る者その他生計の維持に努めない者」「素行不良な者」は保護しないというのです。「素行不良」とは具体的には、飲酒やギャンブルであると説明されています。しかし、この条項は1950年の改正で削除されましたので、現在はありません。なぜ、削除したのでしょうか。

　まず、その人が「素行不良」だと、誰が何を基準に決めるのでしょうか。飲酒やギャンブルそれ自体は、全く合法的です。酒は国にとって主要な財源になっていますし、ギャンブルの一部は公営です。一方では奨励しておいて、貧困な人については、自己責任の論拠にするのは、公平を欠いているのではないでしょうか。そもそも、あなたは「素行」がいつも善良でしたか。お酒を飲みすぎたり、遊興に過剰な出費をしたりしたことはありませんか。何らか過去の不適切な行為を根拠に「素行不良」と決めつけられると、誰でも「素行不良な者」に仕立てることができます。「素行不良」であれば保護しないとなると、その人は人間らしい生活ができない状態が継続することになります。「素行不良」である場合、人権が制約されても仕方ないのでしょうか。

貧困の背景を考える

　より大切なのは、不適切な生活には、そのようになった背景があるということです。社会福祉の援助をする場合、援助を利用する人の成育歴を調べることがあります。そうすると、幼少時に虐待を受けた、親の事情で高校進学を断念したといった、何らかつまずくきっかけが見つかります。つまり、自分の選択で不適切な生活を行なっているというより、そこに追い込まれていった要因があるのです。その大きな要因が貧困です。「素行不良」だから貧困になったのではなく、貧困な状況が、「素行不良」と呼ばれるような生活状況に結びついていくのです。

　だからといって、不適切な生活を継続していいわけではありません。しかし、

自己責任だといって放置しても、決して生活を正すことにはなりません。むしろ、支援によってつながりをつくることで、正すことも可能になります。社会福祉の援助の大原則の1つに「非審判的態度」というものがあります。一見すると不道徳に見える人であっても、そこに至った経緯や原因があります。それがわからないのに、現象だけ見て「悪」と判断してはいけないとして、援助者を戒めているのです。

6. おわりに

　貧困が、放置できない福祉の課題であることを述べてきました。貧困が重要な課題であるという問いかけに対して、ではどうしたらよいのだ、という疑問も湧いてくるでしょう。生活保護制度や年金制度などの改善も必要ではありますが、それだけでは根本的な解決にはなりませんし、現実には多額の財源が求められますので、容易には実施できません。
　まず、貧困が個人の資質の問題ではなく、貧困をもたらす社会的要因があることから出発しなければなりません。社会的要因をどうすれば取り除くことができるのか。そのためには、政策的な取り組みだけでなく、私たちすべてが解決に取り組むべき共通の課題として貧困を認識していく。こうした積み重ねを経て、最終的には一人ひとりの自立を実現していくことになるのです。

【参考文献】
阿部彩『子どもの貧困—日本の不公平を考える』岩波新書、2008年
阿部彩『子どもの貧困Ⅱ—解決策を考える』岩波新書、2014年
岩田正美『現代の貧困』ちくま新書、2007年
近藤克則『健康格差社会』医学書院、2005年
奥田知志『もう、ひとりにさせない』いのちのことば社、2011年
湯浅誠『反貧困—「すべり台社会」からの脱出』岩波新書、2008年
朝日新聞特別取材班『老後レス社会—死ぬまで働かないと生活できない時代』祥伝社新書、2021年

> **コラム**　貧困調査
>
> 　貧困がどの程度広がっているのか、また貧困の原因は何なのか、という問いは古くからありました。この問いへの正しい答えを得るためには、調べるしかありません。ただ、社会全体を適切に調べることは容易ではありませんでした。
>
> 　ようやく19世紀末にイギリスで、チャールズ・ブースにより、本格的な貧困調査が行われました。実業家であったブースは多額の個人資産を使って、1886年から91年にかけて、ロンドンで約100万世帯、400万人以上という大調査を実施したのです。その結果わかったのは、ロンドン市民の3割が貧困状態にあり、ことに1割の人はきわめて困窮した状態にあることでした。また、貧困の原因も調べました。飲酒、浪費といった個人の習慣上の原因は1割強にすぎず、大部分は、不安定就労などの雇用問題か、疾病などの環境の問題でした。同時期に、シーボーム・ラウントリーが、ヨークで同様の調査を行い、類似の結果が出ています。
>
> 　それまで、イギリスでは「救貧法」と呼ばれる、貧困の原因が個人の怠惰であることを前提とした、非人道的な対策が行われていました。しかし、調査によって、その前提が誤りであることが明らかになったのです。20世紀を迎えたイギリスは、さまざまな福祉政策をすすめていくことになります。
>
> 　日本でも、横山源之助が『日本の下層社会』という本を1899年に出版しました。この本は、ブースのような調査ではなく、困窮した人たちの住む地域を訪問して、実態を明らかにするという方法をとっています。
>
> 　現在の日本の貧困を考えるときも、自分の狭い経験や見聞を根拠にするのではなく、適切な統計資料などを用いた、科学的な方法を用いる必要があります。

第7章
「見えない貧困」と現代

1. 「見える貧困」と「見えない貧困」

「見えない貧困」とは何か

　第5章で「貧困」について述べました。この章ではさらに、現代社会における実態を掘り下げて見ていきます。その際に、「見えない貧困」という視点から分析していきます。

　前章でも触れましたが、貧困を分析する場合に、「見える貧困」と「見えない貧困」という区分を用いて分析することがあります。「見える貧困」とは、困窮していることが明らかであり、外部から容易に把握できる貧困です。たとえば、家がないとか、食べるものが十分になく、やせ細っているとかといった状態です。窮迫した状態ですので、きわめて深刻です。ただ、外見からすぐにわかるので、その人が貧困であることに異論はないでしょうし、また何らかの社会的な支援のシステムにつながりやすいと言えます。

　それに対して、「見えない貧困」というものがあります。「見えない」というのが何を指すのか、解釈がありますので、やや多義的です。少なくとも言えることは、「見える貧困」と違って、外見は貧困ではありません。きちんとした住宅に住み、それなりの食事をして、服も整っていますので、貧困には感じられません。周囲の人びとが貧困だと認識しないだけでなく、本人も自分が貧困

であるという意識を必ずしも持っていません。それゆえ、社会的な支援がなされることもありません。

なぜ「見えないのか」

ではなぜ、貧困であるはずなのに、貧困ではないように感じられるのでしょうか。現在では、大量生産によって、さまざまな物が安価で売られています。服にしろ、家電製品にしろ、安くてそれなりに質を保った物がありますので、低所得であっても、そうした安価な物を買うことで、さしあたり、ある程度の生活を維持できます。「見える貧困」にのみ捉われていると、むしろ豊かな生活をしているようにさえ感じられます。

また、現代では低所得でも、高額な商品を購入できるシステムが用意されています。高度成長期には、「月賦」というシステムによって、高額であっても支払いを月割りにすることで購入することが可能になりました。現在でも、自動車のローンのように、それに類似したシステムがあります。また、クレジットカードや消費者ローンによって、手持ちの現金がなくても、物を買うこともできます。しかしその結果、多重債務という問題を生み出すことにもなりました。かつて日本では、「中流意識」が広く共有されていました。それは、テレビなどの高額商品をみんなが所有していることが一因でしょうが、その土台は実は脆いものでした。

今のところは一応の生活ができていても、今後予測される出費に対応できないことが確実なケースもあります。典型的には、子どもの学費です。子どもが幼少である場合、さしあたりは大きな出費はありませんし、児童手当や医療費助成など、子どもへの経済的支援もあります。ところが、子どもが高校、さらには、大学に進学するということを想定すると、その段階では、児童手当などは対象外になるので収入が減少する一方で、多額の学費の出費が必要になるために、困難が生じることは確実です。

非正規雇用ではあるが一応の生活水準を維持できているという場合も、今は良くても、高齢期になって働けなくなると、収入が激減します。非正規ですと、年金もわずかですので、その段階で困窮する可能性がきわめて大きいのですが、

現時点では貧困ではないので、貧困者とみなされません。

このように外部から把握できないという場合、本人自身も、自分が貧困であることに気づかないことが一般的です。第6章で述べたように、相対的貧困という視点で貧困を考えることが大切ですが、絶対的貧困の発想で捉えている人も少なくありません。絶対的貧困のラインはいくらか上回っているので、貧困にあると思わないわけです。さらに、生活保護をはじめ、福祉サービスの原則は、申請主義といって、本人からの申請によって支援が開始されます。自分が貧困であることを自分から示して、支援を求めるのは容易なことではありません。

見ようとしない

あえて貧困として見ようとはしない、という社会の側の意識の問題も見逃せません。何らか困難な状況があっても、その原因を貧困として捉えようとしない、ということです。歴史的に見ると、しばしば貧困が「発見」されます。実態としては存在し続けているものが把握されず、なぜ「発見」されるのでしょうか。ある状況が存在しても関心を向けず、気づいたとしても、それが例外的な些細な問題として、取り上げないことにしたわけです。たとえば、後述する非行児童について、背景となっている貧困の実態に目を向けず、個人の資質のせいにするわけです。何らかの社会状況の変化があった時に関心が高まって、ようやく「発見」されることになります。

貧困は、できれば見たくない、知りたくない現実です。そこで、貧困をできる限り狭義に解釈し、無いことにしてしまうわけです。むしろ貧困にさまざまな現れ方があることを知り、しっかり向き合うことが大切です。

2.「見えない貧困」の拡がり

「見える貧困」も拡がっている

現代の日本では、「見える貧困」も拡がっています。ホームレスはその最たるものです。野宿をしているという狭義のホームレスでなくても、「ネットカ

フェ難民」と称される、インターネットカフェ等の24時間営業の店で夜間を過ごす人の存在も報告されています。

国民健康保険という医療保険制度の保険料を払うことができず、やがて正規の保険証が使えなくなり、病院に行くのを控えて病状を悪化させるケースが起きています（保険証ではなく資格証明書を使うことになり、その場合は、償還払いといって、病院の窓口でいったん全額支払い、後日、市役所で手続きをして、保険給付分を受け取ることになりますが、いったんは多額の現金を用意しなければなりません）。件数は多くないとしても、餓死して見つかるケースもあります。

したがって、「見える貧困」も大切な課題ですが、「見えない貧困」は、見えないために発見されず、社会的に認識されにくくなります。実態としては拡がっているのですが、拡がっていることも認識されません。

不安定な就労

非正規雇用の拡がりは「見えない貧困」を生み出す要因の1つです。かつては非正規雇用というのは、あくまで補助的な雇用であって、主要な部分は正規雇用によって担われてきました。正社員の夫がいて、妻がパートで働くというように、家計の主要な収入は正規雇用によって得て、若干の上乗せとして非正規で働きました。このような形態であれば、非正規雇用はことさらに問題にすることではありませんでした。

ところが、現在では若者が他に就職先を得られず、非正規雇用が主たる収入になっています。景気がよいとされる経済状態のもとでも、雇用の伸びは非正規に限られます。非正規雇用であっても、とりあえず一定の収入が確保されていますので、貧困には見えません。職種によっては、短期的には正規雇用に劣らない収入があって、なおさら貧困には無縁に感じられます。

しかし、雇用は不安定であり、不況になった場合、たちまち解雇されます。それが端的にあらわれたのが、2008年のいわゆるリーマンショックです。リーマンショックとは、アメリカのリーマン・ブラザーズ社の倒産を契機にして、世界的な経済不況が起きたことです。日本国内でも、著名な会社が次々と

非正規で働く人を解雇しました。なかでも深刻だったのは、それまで会社の寮などで生活していた人です。寮から出なければならなくなり、しかし、新たな住居に移るには敷金などの多額の費用がいるうえ、無職の人は入居を断られることもあるので、多くの人がホームレスになる危機に陥りました。

解雇された人たちはリーマンショックまで、不安定な立場にあるとはいえ、自分が貧困であるとまでは考えていなかったのではないでしょうか。しかし、実際には、住む場所さえ、いつなくなるかわからない厳しい状態だったのです。

さらに、非正規雇用の場合、社会保障が正規雇用に比べて低くなりがちです。たとえば年金の場合、正社員であれば、国民皆年金としての基礎年金（国民年金）に加え、厚生年金が上乗せされます。高齢期に年金を受け取る時、基礎年金と厚生年金を加えた金額になります。しかし、非正規の場合、厚生年金に加入しない場合があります（正規職員の4分の3以上働いている場合など、加入できることもあります）。そうなると、現在すぐには問題は起きませんが、高齢期を迎えた時、低い年金になります。

ワーキングプアと言われる現象が起きています。正規か非正規かにかかわりなく、きちんとフルタイムで働いているのに、賃金が低いために、低所得であるという状態です。常時働いているので、周囲からすれば何の問題もないように感じられます。また、一応の衣食住が保たれた生活はできています。しかし、生活実態としては、ほとんど余裕はありませんので、貯金によって将来の生活のリスクに備えることはできません。わが国では、最低賃金という制度があって、雇い主は、ある定められた以上の賃金を支払わなければなりません。しかし、そもそもこの最低賃金が低く設定されていて、最低賃金で、フルタイムで働いても、生活保護費に達しないケースさえあると指摘されてきました。近年、最低賃金が上昇したとはいえ、最低賃金ぎりぎりか、やや上回るという程度の賃金であると、生活保護の水準の生活しかできないのです。それでも、生活保護は「健康で文化的な生活」の水準に設定されているはずですので、生活保護と同程度の生活ができるのであれば、貧困とまでは言えないかもしれません。しかし、病気など何らかの理由で、フルタイムで働けなくなると、たちまち困窮の度合いが高くなります。

女性の厳しい実態

とくに、女性の状況が厳しさを増しています。女性は、ホームレスになるようなことは極力避けようとしますし、男性と比べ服装などの外見に気を配る傾向がありますので、「見える貧困」にはなりにくいですが、それだけ「見えない貧困」が拡がっています。

これまで女性は、経済力のある男性と結婚することが可能なので、現状が貧困であったとしても、脱出が容易であると考えられてきました。しかし、経済力のある男性は少なくなりましたので、結婚という方法で豊かな生活を手に入れるのは、もはや望み薄です。むしろ、いったん結婚して生活の安定が得られたと思っていても、離婚によって一気に困窮することの方が目立つようになりました。

女性がみずから働こうにも、安定した収入のある仕事は限られています。日本の雇用習慣では、高校・大学の新卒時には女性でもそれなりの就職が可能です。しかし、いったん退職した場合に、再就職しようとしても、職がかなり限られます。介護など、女性が就きやすい仕事はありますが、いずれも低賃金です。

女性は、ドメスティック・バイオレンス、意図しない妊娠、夫からの一方的な離婚の申し出など、貧困に陥るきっかけが、男性以上に多いと言えます。離婚せざるを得ない場合、子育ては全面的に女性の側に委ねられ、子育ての費用もすべて背負うことになりがちです。そうした時、「見えない貧困」どころか、「見える貧困」にまで陥り、いったん陥ると脱出することが困難です。

高齢者の「老後破産」

高齢者は、年金制度の成熟により、とりあえず年金収入だけはあるうえ、現役時代の貯蓄、さらには職業によっては退職金が退職時に得られますので、生活ができています。しかし、長寿社会においては、高齢期の生活が長期にわたりますので、貯金もやがて底をつきます。たとえば、3,000万円の貯金があったとしても、年に200万円を取り崩していくと、15年で無くなることになります。65歳で引退したとして、80歳です。その場合、以後は貯金がないので、

年金だけで生活するほかなくなります。配偶者が死亡した場合、それまでの2人分の年金が1人分になります。生活費は単純に半分になるわけではありませんので、その分、生活が厳しくなります。

しかも高齢者は、病気や要介護になるリスクを強く有しています。もし、そうした事態が起きれば、たちまち生活に窮することになります。高齢期における生活困難をさす、「老後破産」という用語も用いられるようになっています。高齢者が困窮に陥る兆しがある時、交際費などを削ることがあります。削ることでさしあたりの生活を維持できるかもしれません。しかし、人間関係が希薄になって孤立につながり、孤立すると地域の相互扶助の輪からこぼれ落ちることになって、より生活が厳しくなるという悪循環にもなります。

3.「見えない貧困」と非行

減少している非行

非行児童について、しばしば関心が寄せられます。この問題も「見えない貧困」が背景にあることを認識しなければなりません。あらかじめ強調しておきますが、マスコミなどを通じて、稀に起きた凶悪事件が増幅されて報道され、非行が増加したり悪質化したりしている、あるいは低年齢化しているようなイメージが持たれているようです。しかし、そういうことは、一切ありません。

少年非行は戦後、何度か増加した時期がありましたが、現在は大きく減少しています。少年による刑法犯の検挙人員は1980年代には20万人近くありましたが、2022年には1万9,526人となっています。増加どころか、著しく減少しました。薬物犯罪の検挙人員に至っては、1985年頃には3万人近くありましたが、2022年には1,050人と激減しています。凶悪化についてはどうでしょうか。殺人で検挙された人員は、戦後まもないころは100人を大きく超えた時期が続き、その後は100人を下回る程度で推移しました。もともと少ないので、明確な経年的傾向はありません。2022年には53人となっています。ことさらに殺人が増えているわけではありません。

では、低年齢化についてはどうでしょうか。触法少年（14歳未満で刑罰法令に触れる行為をした少年）による刑法犯の検挙人員は、1980年代には5万人をこえる年もありましたが、2022年には6,025人となっています。低年齢化といった実態はまったくありません（いずれも『犯罪白書』令和5年版）。

したがって、量的に言えば、非行児童の問題は、かつてなく小さなものになっています。にもかかわらず、ここで取り上げようとしているのは、減ったとしても、皆無になったわけではないからです。個々には、看過できないケースが後を絶たないことは確かであり、なお起きている非行について分析していく必要があるからです。個々のケースについて、「見えない貧困」の視点から分析していくことが望まれます。

なぜ非行があるのか

一部の児童がなぜ非行に走るのでしょうか。もちろん、原因やプロセスなどさまざまですので、個々のケースについては個別的に捉えて検討すべきです。しかし、一般的に言えば、生まれつきの非行児童などというものは存在しません。その児童の置かれた生活環境が大きく影響しています。そこには、家族関係、学校、地域など、多様な要素が重層的にかかわっていますので、一部の現象面だけ捉えて決め付けることは避けなければなりませんが、しかし、児童の生活状況の把握も欠かせません。

貧困であれば何が起きるでしょうか。まず考えられるのは、学習環境の不十分さです。学習を深めるには、手近な場所に本があって、自然と本への興味が高まる、博物館などの教育施設に行く経験があって、自然科学や歴史などについて視覚的に把握できた、などの環境が豊かであることが望まれます。自宅での本の有無は、貧困を外見から判断する時には、あまり意識しません。しかし、生活が困難になってきた時、食費や被服費の節約には限界がありますので、本は真っ先に支出を削る対象になります。

学習塾で学校での勉強を補うこともできませんし、旅行によって見聞を拡げる機会も限られます。スポーツに打ち込もうにも、道具を買い揃えるなど、何らかの負担が避けられません。住宅も狭くなりがちですので、静穏な中で勉学

をすることができません。

こうした状況では、将来への希望や展望も欠落してしまいます。人間は、現在は苦しい状況であっても、やがて好転する見込みがあればこそ、現状を耐えていくことができるでしょうが、希望がなければ、今の刹那的な快楽の方に心を奪われることにもなってしまいます。貧困である場合、高校進学すら、本当にできるのか不安になるでしょうし、ましてや大学進学が見込めなくなります。比較的安定した収入を約束してくれる高度専門職は、大学への進学が前提になりますから、そうした職業に就くことが不可能になることを意味します。現代では、法制度上は学歴が必須でなくても、実態として一定以上の学歴が求められることが少なくありません。将来を冷静に考えた時、学歴が獲得できないことがはっきりしている場合、職業の選択肢がきわめて限られていることに気づくことになります。

こうした生活環境による積み重ねがあると、学習意欲が高まらずに、低学力をもたらします。人間関係の形成が拡がりません。嫌なことがあっても耐えるということが困難になります。1つの帰結として、非行ということになってしまうのです。女子の場合は、性にかかわる行動によってお金を得ることが可能であるうえ、いったんそうした行動を行った場合に、深刻な状況に陥ることにもなります。

ところで、非行について、厳罰化で対応しようとする意見があります。今、ここで厳罰化の是非は議論しませんが、はっきり言えるのは厳罰化だけで防ぐことはできないということです。かつて、留岡幸助という人は、非行への対応は家庭環境の改善が重要と考えて、「家庭学校」という施設を創設しました。現在の児童自立支援施設にあたります。「家庭学校」は、文字通り家庭であり、学校である、という施設を目指しました。非行児童が入所しているにもかかわらず、塀を造らず、門は開けたままにしました。こういう方法で高い効果をあげていきました。

4．「見えない貧困」がもたらす未来

親族の支えがなくなる

「見えない貧困」はすでに、現在の日本社会の深刻な問題です。しかも、未来をも蝕（むしば）んでいるのです。貧困に置かれた子どもが十分な教育を受けられなかった場合、希望する就職が難しく、やがてそのことの負の影響が表れることになるでしょう。

単身者の増大も、今後、深刻な問題になっていくことが予感されます。単身で生活していること自体は、決して問題なわけではありません。そもそも、ライフサイクルにおいて、就職などで自宅を出て、一時期単身になるのは普通のことですし、老後に配偶者が死亡すれば、片方が単身になります。こうしたケースでは、単身といっても、親族と別居しているだけで、親族がいることが通常です。何か生活の困難が発生した場合、親族からの助けを受けることができます。

しかし、今後予想されるのは、親族がいない単身者です。人生において一度も結婚したことがないという、生涯未婚率が上昇しています。未婚者は、若いうちは親もまだ生きていますし、自分も健康ですから、特段の問題は起きないかもしれません。しかし、中高年になってくると、親は死亡し、自分の健康にも支障をきたすようになってきます。そうなると、病気で入院するなどといった時に、手助けしてくれる人がいません。

ではなぜ、未婚率が高まっているのでしょうか。結婚するか否かは、個人の自由な選択ですから、その決断について、第三者があれこれ口を挟むべきものではありません。自由な意思で結婚しないのであれば、それを尊重すべきですし、自由意思の結果として未婚率が上昇しているのであれば、やむを得ないことです。しかし、現実には、自由な意思で結婚しないというより、経済的に低い状況が壁になって、結婚したくてもできない実態があります。結婚したくても経済的な理由でできない人は、貧困と呼ばなければならないほど困窮しているわけではありません。しかし、結婚という、人生の選択肢の1つが行使できなくなっているのです。それがさらに、将来的に、さらなる問題を起すのです

から、「見えない貧困」が連鎖していくことになります。

年金が機能しない

　前述した、非正規雇用の人の年金だけではありません。基礎年金の保険料の滞納が増加傾向にあります。なぜ滞納するのでしょうか。年金制度への不信感や誤解に基づく意図的な滞納も見られますが、かなりの部分は経済的な困難と見られています。非常に困窮していれば、免除されますが、そこまででない場合、免除の対象にはならず、しかし保険料が払えない状態になります。保険料を支払わなかった分、将来の年金受給額が減少していきます。とりあえず今は、生活がかろうじて成り立っていても、高齢期に、生活に必要なだけの年金が受け取れず、困窮することになります。

　以上で指摘したことが、若者である時期に起き始め、やがて問題が顕在化するということです。本来なら、若者こそ将来に希望を抱き、社会を牽引していかなければならないのに、若者が貧困の発生源のようになりかかっています。若者が、未来への希望を語れる社会にしていかなければなりません。

5．おわりに

　「見えない貧困」は、見えないために対応が遅れ、やがて「見える貧困」、さらには「絶対的貧困」にまでつながる恐れがあります。そうならないためには、「見えない貧困」が拡がる中、これを可視化していくことが求められます。そこから、支援のあり方を探っていかなければなりません。そのためには、前提として、貧困が人間本来の生活水準を下回る、尊厳が侵害された状態であることをしっかり認識することが大切です。

　コミュニティ・ソーシャルワークと呼ばれる活動が注目されています。地域には何らかの問題を抱えた生活をしている人がいますが、外見からすぐにそれと分かるとは限らず、潜在化しています。潜在化しているニーズを発見してアプローチしていくのがコミュニティ・ソーシャルワークです。こうした専門職

による実践を積み重ねることが求められます。

　私たちみずからも、地域の生活課題への関心を高めて、貧困の解決の重要性を認識する必要があります。貧困は一部の困窮した人だけの問題ではなく、社会を構成するすべての者の課題なのです。

【参考文献】
青木紀『現代日本の貧困観―見えない貧困を可視化する』明石書店、2010年
NHKスペシャル取材班『老後破産　長寿という悪夢』新潮社、2015年
河合克義『老人に冷たい国・日本―「貧困と社会的孤立」の現実』ちくま新書、2015年

セツルメント

　貧困がいったん広がると、その解決は容易ではありません。なぜなら、貧困は悪循環をもたらして、さらには世代を超えて連鎖していきます。貧困であるために教育が受けられず、教育を受けていないために職に就けず、職に就けないので貧困になるというように。

　こういう悪循環を断ち切り、貧困を根本的になくそうとした活動がセツルメントです。セツルメントとは、知識や人格を備えたひとが、貧困者の集住した地域に住み込んで、生活を共にします。人格的接触を通じて、貧困の解決を探っていくのです。

　セツルメントは、イギリスで、バーネット夫妻らの尽力により、トインビー・ホールという名称が始まったのが先駆です。日本でも、片山潜（岡山県久米南町出身）による、キングスレー館などが始まります。岡山博愛会も、セツルメントの先駆として知られています。1891年に宣教師として岡山に来たアリス・ペティ・アダムスは、貧困な人びとの生活実態に触れて愕然とします。アダムスは、貧困な子どもへの教育、保育所、診療所の設置などの活動を広げていきました。

　やがて、東京や大阪など大都市部を中心にして、同様の活動が広がります。プロテスタントの牧師である賀川豊彦は、神戸の貧困地域に住み込んで、貧困者の救済に従事し、以後の多様な社会活動の出発となりました。

　現在の日本では、貧困な人が集住する地域があるというより、社会全体に広く貧困が潜在しています。貧困をなくすには、貧困で苦しんでいる個々人とつながりを持ち、自立へ向けての丁寧な支援が必要です。反貧困ネットワークや、北九州ホームレス支援機構（現在は、支援対象をホームレス以外に広げて、「抱樸」という名称に変更）などの民間による活動が成果をあげて注目されています。

第8章
子どもの視点に立った児童家庭福祉
──ウェルフェアからウェルビーイングへ──

1．ウェルビーイングという考え方

ウェルビーイングとしての児童家庭福祉

　都市化、核家族化、そして少子化が進み、子どもを取り巻く家庭や地域社会が大きく変化しました。たとえば、公園や空き地で多くの子どもたちが遊んでいるのを見かけることができなくなってきています。このように、子どもの数が減少し、子ども同士で遊ぶ機会も少なくなったことは、子どもの仲間関係の形成、社会性の発達、そして規範意識の形成に悪影響を与えていると言われています。一方、子育て中の親は、子育てに関する知識や技術が不十分なまま、子育てをしなければなりません。親同士で情報を交換し、助け合う機会も少なくなってきています。さらに、父親の参加・参画が得られないまま母親が一人で子育てに専念することが一般化し、子育ての責任が母親に集中するようになってきています。また、女性の社会的進出にともない、働く母親には、仕事・家事・子育てという過重な負担がかかってきています。

　また、かつては、それぞれの地域社会で地域の子どもたちを守り育てるという慣習がありましたが、現在では、こうした慣習を維持するのも、むずかしくなりました。第4章では、地域の共助の必要性について述べましたが、こうした背景には、地域社会の持つケア力の低下という問題があるのです。

このように、かつては子どもを育み、守ってきた家庭・地域社会の子育て機能や教育力が低下しています。その結果、子どもや親子関係に関する問題、たとえば、第6章で見た子どもの非行、いじめや不登校、ひきこもり、そして子育て不安や児童虐待などが深刻な社会問題となっています。そこで、以上のような子どもや家庭の問題を解決するために、子どもの育ち、親の育ち、子育てに対する社会的支援の必要性が増大しています。すべての子どもと子育て家庭を対象にした、総合的で計画的な子育て支援対策が求められているのです。

つまり、少子高齢化社会においては、「ウェルフェア」（welfare）としての児童福祉から、「ウェルビーイング」（well-being）としての児童家庭福祉への転換を進めていくことが重要になってきます。前者は救貧的・慈恵的・恩恵的歴史を持っており、最低生活保障としての事後処理的・補完的・代替的な児童福祉であり、後者は人権の尊重・自己実現そして子どもの権利擁護の視点に立った予防・促進・啓発・教育、そして問題の重度化・深刻化を防ぐ支援的・協同的プログラムを重視しています［高橋、2002a: 8］。社会福祉の基礎構造改革の流れの中で、児童福祉の分野においても、子どもや家庭のウェルビーイングを実現するために、全面的な制度の見直しが行われています。

子どもの視点に立った児童家庭福祉サービス

1997年の児童福祉法の改正により、児童家庭福祉のサービスの理念も伝統的な「児童の保護」から「自立支援」へと転換されました［高橋、2002a: 9］。2003年は「子育て支援元年」と言われるように、子育て支援に関する法律が相次いで成立し、同年7月に「次世代育成支援対策推進法」と「少子化対策基本法」が公布されました。2012年8月には子ども・子育て支援法などが公布され、2015年度より「子ども・子育て支援新システム」として、質の高い幼児期の学校教育・保育の総合的な提供、保育の量的拡大・確保、そして地域の子ども・子育て支援の充実を図る施策が実施されています。また、2016年の児童福祉法の改正により、児童の権利に関する条約にのっとり、すべての子どもが健全に育成されるよう児童福祉法の理念の明確化などが行われました。さらに、2022年6月には、1994年に批准された国際法である「児童の権利に関

する条約」の国内法である「こども基本法」が公布され、2023年4月から施行されました。また、同年同月には、子どもの視点に立って子どもの権利と福祉を守り、子どものいる家庭の子育てを支援し、子ども政策を強力に推進する国の機関である「こども家庭庁」もスタートしました。同年12月に「こども基本法」に基づき、子ども政策を総合的に推進するために政府全体の子ども施策の基本的な方針等を定める「こども大綱」が閣議決定されました。「こども大綱」の使命は「こどもまんなか社会」の実現であると明記されていますが、「こどもまんなか社会」については、以下のように説明されています〔こども家庭庁、2024a〕。

> **こども大綱が目指す「こどもまんなか社会」**
> 〜全てのこども・若者が身体的・精神的・社会的に
> 幸福な生活を送ることができる社会〜
>
> 「こどもまんなか社会」とは、全てのこども・若者が、日本国憲法、こども基本法及びこどもの権利条約の精神にのっとり、生涯にわたる人格形成の基礎を築き、自立した個人としてひとしく健やかに成長することができ、心身の状況、置かれている環境等にかかわらず、ひとしくその権利の擁護が図られ、身体的・精神的・社会的に将来にわたって幸せな状態（ウェルビーイング）で生活を送ることができる社会である。

　本章では、現代の子どもや親子関係の問題、具体的には児童虐待の問題を検討することによって、今後の児童家庭福祉のあり方を、子どもの視点に立って考えてみたいと思います。そこで、第1に、今日、問題になっている児童虐待をどのように捉えたらよいのかということについて述べておきます。第2に、児童虐待が子どもの権利の侵害であることを明らかにしていきたいと思います。第3に、児童虐待が家庭の病理現象として現れてきていることについて見ていくことにします。第4に、このような児童虐待という人権侵害に対して、どのように対応していけばよいのか検討します。そして、最後に、子どもの視点、さらには人間福祉の視点に立った時、このような児童虐待を解決するために児童家庭福祉を実践する者には、どのような姿勢が求められているのか考えておきたいと思います。

2．児童虐待の捉え方

いつの時代にもあった児童虐待

子どもに対する虐待は、どの時代、どの文化にも存在してきました。わが国でも、かつては「間引き」といわれた嬰児殺し、親子心中という子殺し、人身売買、捨て子、子どもの心身を酷使する児童労働、しつけと称した体罰が行われてきました。どの時代、どの地域にも、身近な大人による暴力など不適切なかかわり方によって苦しみ、傷つき、また命を失った子どもたちは多数存在していたのです。

現代の児童虐待

池田由子は、今日、社会問題となっている児童虐待の特徴を明確にするために、児童虐待を「社会病理としての児童虐待」と「精神病理としての児童虐待」「家族病理としての児童虐待」とに整理しています［池田、1978: 9］。前者を「社会が貧しく、また子どもの人権を認めずに行う虐待」とし、後者を「社会が子どもの権利というものを認めるようになってからも、親個人の精神病理として行われる虐待、あるいは家族全体の病理としてあらわれる虐待」としています。そして、すでに1978年の時点で、「貧困や人権無視など、社会病理としての児童虐待は減少しているものの、現代のわが国では、精神病理としての、あるいは家族病理としての児童虐待はかえって増加しつつある傾向が見られる」と指摘しています［池田、1978: 9-10］。今日、わが国において問題になっているのは、後者の児童虐待であると言えます。

したがって、児童虐待への対応を考える場合、2つの側面から見ていく必要があります。第1には、社会が子どもの権利をどのように認識しているかということです。第2には、児童虐待を家族病理・家族問題として理解していくことが必要になってきます。

そこで、最初に今日子どもの権利はどのように認識されているか、また児童虐待などの子どもの権利侵害をどのように捉えればよいのかということについ

て考えます。そして、次になぜ家族のなかで児童虐待が生じるのか、その背景や原因を探っていきたいと思います。

3．児童虐待と子どもの権利保障

「伝統的子ども観」から「新しい子ども観」へ

　わが国において、児童相談所が児童虐待の相談件数を報告するようになったのは、1990年からです。この頃から、マスメディアでも児童虐待が取り上げられるようになり、社会問題として認識されるようになりました。1989年に国連総会で採択された「児童の権利に関する条約」が日本で批准されたのは1994年でした。2000年には「児童虐待防止法等に関する法律」も制定されました。世界やわが国において、子どもの権利を保障するということが課題となり、子どもは親や家の従属物ではなく、一個の人格であるという見方が広まるのと並行して、児童虐待問題も表面化し始めたと言えます［森田、2004: 13］。

　また、子どもを一個人として尊重されるべき人格と見る子ども観か、あるいは親や家族や国家による指導と育成の対象と見る子ども観か、子ども観の違いによって、児童虐待への対応の仕方は大きく異なってくると言われています［森田、2004: 13］。これまでの児童福祉の基底となる子ども観は、後者の子ども観でした。この、子ども観は「未成熟で、未発達な子ども」であり、これに基づく援助観は「父権的温情主義」（パターナリズム）、「国親思想」（パレンスパトリエ）などの思想に見られるように、「親・大人が保護的に関わる」ことでした［山田、2003: 187］。

　一方、「児童の権利に関する条約」は、このような「伝統的子ども観」ではなく、子どもを権利行使の主体と位置づけるという「新しい子ども観」を明らかにしました。「児童の権利に関する条約」は、わが国の、これまでの子どもの権利の考え方の再検討を迫るものであり、今後、子どもの権利の主体性についての社会的合意を形成し、子どもの権利を法的にも実質的にも保障していくことが求められています。「子どもの権利保障」については、とくに以下の3

点を認識しておく必要があると思われます［八重樫、1995: 52-55］。

【1．権利行使の主体としての子どもの位置づけ―「子どもの最善の利益」の保障―】

　児童福祉法第1条は、「全て児童は、児童の権利に関する条約の精神にのつとり、適切に養育されること、その生活を保障されること、愛され、保護されること、その心身の健やかな成長及び発達並びにその自立が図られること、その他の福祉を等しく保障さる権利を有する。」と規定しており、これに基づいて、すべての児童は等しく「生活を保障され、愛護される権利」を有すると解釈されています。また、「児童憲章」には、より具体的に子どもの権利が明記されています。ここでは、子どもが大人によって「……される」「……れらる」と受動形で表現されているように、子どもは大人に比べ身体的・心理的・社会的にも未熟であるがゆえに、大人から「保護を受ける権利」、すなわち「受動的権利」を有すると理解されています［網野、1992: 14-17］。「児童の権利に関する条約」の第3条や第18条等においても、国や保護者は「子どもの最善の利益」を尊重し、子ども保護しなければならないことが規定されています。

　たしかに、ポルトマン（Adolf Portmann; 1897-1982）も言うように、人間の子どもは、人間以外の哺乳動物と比べると生理的早産としか言いようのない状態で生まれてくるので、乳児は母親の胎内にいる時のような庇護が必要です［ポルトマン、1991］。生理的早産の状態で生まれた人間は、未成熟であるがゆえに多くの可能性を持っている存在であると当時に、親や大人の保護がなければ生きていけない存在でもあります。しかし、ここには、保護する大人（親）と保護される子どもという上下・支配的関係が生じ、子どもの、人間としての主体性を否定して、大人（親）が子どもの人権を侵害する危険性も生じてきます。保護を受ける権利を基本とする受動的権利の保障は、大人の側からの子どもの支配・統制・管理を必然的に高める傾向があり、子どもの個人的自立、社会的自立を、むしろ遅らせるおそれや、「子どもの最善の利益」が究極のところ、大人の判断で終わる可能性も出てくるわけです［網野、1992: 14-17］。

　そこで、子どもを権利行使の客体であるだけでなく、権利行使の主体として

理解し、認識すること、すなわち「能動的権利」を明確にしていかなければなりません［網野、1992: 14-17］。「児童の権利に関する条約」には、受動的な「保護を受ける権利」とともに、能動的権利が明確に規定されています。第12条の「意見を表明する権利」、第13条の「表現の自由についての権利」、第14条の「思想・良心・宗教の自由についての権利」、第15条の「結社・集会の自由についての権利」、第16条の「プライバシー・通信・名誉の保護に関する権利」、そして第17条の「適切な情報へのアクセスに関する権利」がこれにあたります。また、これらの能動的権利は、「市民的生活保障への権利」でもあります［古川、1992: 19-74］。つまり、この市民的権利は、近代社会を構成する市民の一人として子どもを捉え、成人たる市民の場合と同様に承認されるべき権利であり、子どもが大人とともに社会に参加することを保障する権利でもあります。

　このなかでも、とくに能動的権利の特徴を端的に表しているのは、第12条の「意見を表明する権利」です。この条文には、第1に、自己の見解をまとめる力のある子どもは、自己に影響を与えるすべての事柄について自由に見解を表明する権利を有すること（意見表明権）、第2に、子どもの見解を年齢・成熟に応じて正当に重視すべきこと（子どもの見解の重視）、第3に、司法・行政手続きにおいて、子どもに聴聞の機会が与えられなければならないこと（聴聞の保障）が規定されています［永井・寺脇、1990: 72］。子どもの最善の利益を、子ども自身がみずから判断するとともに、自己にかかわる決定にみずから参加することによってその判断能力を形成していくためにも、この「意見を表明する権利」は重要な意味をもっています。柏女霊峰も指摘しているように、「意見を表明する権利」が十分保障され、その意見が尊重されることによって、はじめて「子どもの最善の利益」が真に達成されるのです［柏女、1995: 64-76］。

　子どもが虐待され、子どもの権利が侵害されている場合、子どもの最善の利益を保障するためには、子どもの「意見を表明する権利」を保障するための手続きを整備していかなければなりません。つまり、どの年齢の子どもに対しても、その子どもの年齢を考慮しつつ、子どもの意見を尊重し、子ども自身にかかわる事柄を決定する場に、子ども自身が参加できる機会を保障するための手

続きを整備し、子どもの権利保障システムを構築することが必要です。これについては後で詳しくみていきます。

【2．「子どもの権利」（子権）の尊重】
　今日、子育てを親が一手に担うことによって強まる親の権利（親権）と、子どもが生存し、発達しようとする権利（子権）の対立が生じた場合、公権がこれにどのように介入し、調整していくかということが重要な課題になってきていると指摘されています［網野、1994: 8-10；柏女、1995: 64-76］。しかし、「わが国の法制度は、親権の伝統的な強さともあいまって、国（行政・司法）、親、子の三者関係が欧米諸国に比してあいまいであり、『公権』が『親権』や『私権』に対して『子権』確保のために介入する思想や手段が限定的である」［柏女、1995: 64-76］と言われています。親が子どもの権利を侵害し、親権と子権が対立する児童虐待に関しては、親権・子権・公権を調整する効果的なシステム構築が緊急の課題となっていますが、「児童の権利に関する条約」は、その思想と手段を考えていくうえで、多くの示唆を与えてくれると思われます。

　「児童の権利に関する条約」の第18条1項は、子どもの養育責任に関する最も重要な規定です。ここには、まず、①「児童の養育及び発達について父母が共同の責任を有する」こと、②「児童の養育及び発達について第一義的な責任を有する」者は「父母又は場合により法定保護者」であること、そして、③これらの養育責任者が常に考慮すべきことは「児童の最善の利益」であることを確認しています。そして第2項において、国は親がこの養育責任を遂行するにあたり、適当な援助を与え、子どもの養護のための施設、設備、サービスを提供する義務があることを規定しています。

　また、第9条第1項においては、親の意思に反する分離禁止の原則を明らかにし、次に、司法機関が法律や手続きに従って、親からの分離が子どもの最善の利益のために必要であると決定した場合は、親からの分離を認めています。さらに第19条には、子どもが親などによって、虐待・搾取されている場合、国は子どもを保護するために、すべての適当な立法上、行政上、社会上そして教育上の措置をとることが規定されています。

以上のことから、以下の5点が確認できます。まず第1に、「子どもの最善の利益」、すなわち子どもの権利（子権）が最優先されることです。第2に、親権は、子どもに対しては養育責任の義務として理解され、公権に対しては養育責任の法的権利であること、したがって「子どもの最善の利益」に反しない限り、親権が公権より優先されることです。第3に、公権は親の義務である養育責任を援助しなければならないことです。第4に、法的に「子どもの最善の利益」に反しているとされた場合には、例えば親が子どもを虐待している場合には、公権が親権に介入し、子どもを親から分離できることです。そして第5に、公権は、子どもが不当に取り扱われている場合は、子どもを保護するため適当な立法、行政、社会、教育上の措置をとることが必要であるということです。

【3．子どもの「ウェルビーイング」の促進】子どもの自己実現の保障
　国連などの国際機関や欧米諸国では、救貧的、あるいは慈恵的イメージをともなう「ウェルフェア」（福祉）に代わって、「よりよく生きること」、「自己実現の保障」という意味合いを持つ「ウェルビーイング」という言葉が用いられています。
　「児童の権利に関する条約」では、前文や第3条2項でウェルビーイングが使われています（ただし、政府訳ではウェルフェアもウェルビーイングも「福祉」と訳されている）。また、1990年9月に「子どものための世界サミット（首脳会議）」国際本部において採択された「子どもの生存、保護および発達に関する世界宣言」においても、ウェルビーイングという言葉が使用されています［高橋、1994a: 155-159］（ただし、ユネスコ駐日代表事務所訳では「福祉」と訳されている）。
　一方、わが国において、行政レベルでウェルビーイングという言葉が、キーワードとして最初に取り上げられたのは、「中野区学童クラブのこれからのあり方―提言―」（東京都中野区学童クラブあり方懇談会、1993年3月）だと思われます［高橋、1994a: 155-159］。また、「子供の未来21プラン研究会報告書」（たくましい子供・明るい家庭・活力とやさしさに満ちた地域社会をめざす21プラン研究会、1993年）においても、ウェルビーイングという言葉は、今後、わが国

の児童福祉理念の議論に示唆を与える概念であると指摘されています。先にも述べたように、1997年の児童福祉法の改正により、児童福祉のサービスの理念も伝統的な「児童の保護」から「自立支援」へと転換されました［高橋、2002a: 9］。

このように、「児童福祉法」の中には、ウェルビーイングという言葉はありませんが、理念として「自立支援」が重視されています。社会福祉における「自立」の概念は、1981年の国際障害者年などを契機として、単に、身辺自立や経済的自立だけをさすものではなく、自己決定に基づく自律（自分の行動を自分で決めること）を含めた概念として変化してきました［秋元ほか、2003: 249］。近年の自立の概念においては、自己と他人を受容し、相互に援助を与える能力も自立の重要な側面であると考えられています［菊地、1993; 31］。つまり、「障害者、老人、児童などのような、いわば社会的弱者といわれる人たちの中にも他人の援助を受け入れつつ、当事者の自己決定権を失わない相互の関係能力を問われ、依存から自立へ、さらには相互依存を肯定的にめざすようになってきている」［菊池、1993; 31］と言われています。自立をこのように理解するならば、ウェルビーイングは、自立（自己実現）として捉えることもできます。自立支援は児童福祉の分野だけではなく、障がい者対策や高齢者対策の基本理念としても掲げられています。

以上のように、わが国の児童家庭福祉においても、ウェルフェアからウェルビーイングへの転換がなされつつあります。先に述べたように、2022年の「こども大綱」には、「こどもまんなか社会」を「身体的・精神的・社会的に将来にわたって幸せな状態（ウェルビーイング）で生活を送ることができる社会」として説明しており、「こども基本法」の「幸福な生活」を「ウェルビーイング」と明記しています。すべての子どもの人権を尊重し、その自立や自己実現を支援していくこと、つまりウェルビーイングを促進していくという視点から、児童家庭福祉施策のあり方を見直していくことが重要になってきていると言えます。

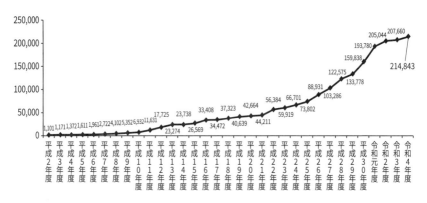

図1　児童相談所における虐待相談対応件数とその推移
(出典：こども家庭庁「令和4年度 児童相談所における児童虐待相談対応件数」p.1)

4．家族病理としての児童虐待

児童虐待の実態(1)　急増している児童虐待相談対応件数

　図1からわかるように、2022年度中に全国232か所の児童相談所が児童虐待相談として対応した件数は214,843件であり、過去最多となりました〔こども家庭庁、2024b〕。このように児童相談所の児童虐待相談件数が急増していることから、近年、社会において虐待される子どもが増えていると捉えられる一方、さまざまな虐待予防の普及啓発活動により、児童相談所や、子どもにかかわる人びとの意識が高まった結果、これまで見過ごされてきたものに気づくようになったり、掘り起こされたりして、相談や報告の増加がみられたためとも考えられます〔中谷、2002: 8-9〕。潜在化していた児童虐待が顕在化し、児童虐待は子どもの人権侵害であるという認識が広まったことを示しているとも言えます。

児童虐待の実態(2)　相談種別・被虐待者の年齢・おもな虐待者

　2022年度の虐待相談件数（21万4,843件）の相談種別にみると、「心理的虐待」が12万8,114件（59.6％）と最も多く、ついで「身体的虐待」が4万

9,464件（23.0％）、ついで「保護の怠慢・拒否（ネグレクト）」が3万4,872件（16.2％）となっています〔こども家庭庁、2024b〕。近年、「身体的虐待」より「心理的虐待」の割合が多くなっているのは、2004年の「児童虐待防止法」の改正により、DVなど、子どもの目の前で行われる家庭内暴力も心理的虐待として規定され、DVによる心理的虐待の認識が広まったことや、2013年夏から虐待をされているきょうだいを目撃した場合も心理的虐待の対象に加えられることになったためだと思われます。「性的虐待」については、2,393件（1.1％）と少なくなっていますが、欧米の調査を比較しても少ないので、必ずしも実態を正確に反映しているとは言えません。発見の難しさや、性的虐待の定義づけの難しさが、このような低い数字として表れていると思われます。

　また、被虐待者の年齢別にみると「小学生」が7万3,888件（34.4％）、「3歳〜学齢前」が3万9,683件（18.5％）、「0〜3歳未満」が5万3,175件（24.8％）、中学生が3万2,205件（15.0％）、高校生が1万5,892件（7.4％）となっています。就学前の子どもがほぼ半数を占めており、「3歳」が13,849件と最も多くなっています〔厚生労働省、2024: 2〕。就学前の乳幼児に対する虐待は、虐待死につながる場合もあり、虐待が家庭という密室で起きることを考えると、通所や通学の機会が少ない乳幼児への虐待をいかに早く発見し、対応するかが重要な課題となってきます〔中谷、2002: 10〕。

　2022年の虐待相談件数においては、主たる虐待者は、実母が48.0％と最も多く、次に、実父が42.6％となっていました〔厚生労働省、2024: 2〕。虐待者に実母が多い背景には、子育ては母親が担うべきものであるという子育てに関する性別役割分業という考え方が、わが国にはまだ根強く残っているためだと思われます。その結果、おもに母親だけが子育てを行い、直接、子どもと過ごすことも多くなっています。父親が子育てに対して無理解・非協力的な場合は、また、地域とのつながりもなく孤立している場合は、母親の子育てに対する負担感や不安感は、「虐待」として表出されると指摘されています〔中谷、2002: 10-11〕。この点については後で詳しく検討していきたいと思います。

母親の子育て不安と児童虐待(1)　児童虐待の発生要因

　母親の子育て不安と児童虐待との関連性について考える前に、児童虐待がなぜ起こるのかということについて整理しておきます。

　児童虐待は、多くの要因が複雑に関係することによって発生すると言われています。庄司順一は、発達生態学的モデルに基づいて、児童虐待の発生要因を図2のように示し、虐待のリスク要因をして、次のようなものをあげています［庄司、2002: 6-7］。

① 親の心の問題：親自身の被虐待的経験が関係しています。虐待を受けて育つことによって、他者への不信、低い自己評価、満たされなかった愛情関係を子どもに求める役割逆転が起こり、困難な事態では（自分がされてきた）暴力によって解決を図る傾向が習慣となっています。

② 家庭の社会経済的要因：経済的困難、失業、夫婦不和、家族成員に病人がいるなどの状況は、家庭内でのストレスを高め、暴力が発生しやすくなります。

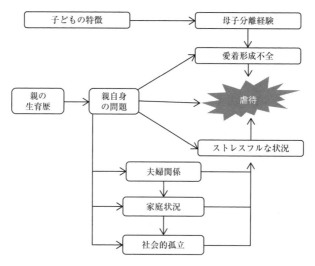

図2　虐待の発生要因

出典：庄司順一（2002）「発生要因」高梁重宏・庄司順一編著『福祉キーワードシリーズ 子ども虐待』中央法規、p.6。
注）発生生態学的モデルに基づき、庄司（1992）が作成。

③　周囲からの孤立：虐待の発見を遅らせるとともに、必要な社会的支援を得ることが難しくなります。
④　子どもの側の要因：よく泣き、なだめにくい、ひじょうに頑固、過敏など育てにくい気質や行動特徴を持つ子ども。また、慢性疾患があったり、低出生体重児、双生児などの場合、親の、子どもに対するアタッチメント（愛着）形成を困難にしたり、育児への負担感を生じやすくします。
⑤　親とその子との関係：身体的虐待や心理的虐待では、しばしば特定の子どもが対象となる場合があります。虐待の対象となる子どもは、望まない妊娠で生まれたり、低体重児で、出生後、しばらく母子分離の経験をしたり、憎しみを抱いている自分の兄弟と同じ出生順位や性であったりします。こうしたことが、アタッチメントの形成不全をもたらし、子どもへの拒否感、嫌悪感へつながると考えられています。
⑥　親の怒りを引き出す「その時の状況」：虐待発生の直接のきっかけとして、おもらしをする、ぐずる、泣きやまないなどがあります。

母親の子育て不安と児童虐待(2)　子育て不安と児童虐待の関連性

　児童虐待の背景の1つとして、子育て不安や養育上のストレスが高まっていることがあげられます。乳幼児を持つ母親が子どもに対して衝動的感情を持つ状況と、その時の母親の反応についての調査があります［野口ほか、2000: 102-109］。その結果、育児上の心配がある母親は衝動的感情が高いこと、親から体罰をよく受けた母親は、子どもに対して衝動的感情を持った時、思わず叩くことが多くなることを指摘しています。また、虐待により、子どもを死亡させた事例に対する母親の意識を調査した結果によれば［両角ほか、2000: 87-98］、子育てに不安のある母親は、この事例に共感するものが多くいることを明らかにしています。しかし，子育て不安と児童虐待との関連性を実証している研究は必ずしも多くありません。そこで筆者は、母親の、自分の子どもに対する虐待的傾向と母親の子育て不安との関連性を明らかにするために、0～15歳の子どもを持つ729人の母親を対象とするアンケート調査を実施しました［八重樫、2003: 11-23］。その結果次のようなことが明らかになりました。

① 年齢が低く，常勤で高学歴の母親の方が子どもへの虐待的傾向が低い：年齢の高い母親に比べ、年齢の低い母親の方が、身体的虐待傾向や心理的虐待傾向が低いことが明らかになりました。母親の就労形態については、常勤の母親は身体的虐待傾向や心理的虐待傾向が、専業主婦や非常勤の母親に比べて低くなっていました。また、学歴が高くなるほど身体的虐待傾向や心理的虐待傾向が低くなっていました。

② 夫の精神的支えの少ない母親は子どもへの虐待的傾向が高い：夫の精神的支えの少ない母親は、身体的虐待傾向、ネグレクト的虐待傾向、心理的虐待傾向のいずれについても、子どもに対する虐待的傾向が高くなっていました。ネグレクト的傾向の高い母親は近所づきあいや友人づきあいが少なく、身体的虐待傾向の高い母親は近所づきあいが少ないことが明らかになりました。とくに、心理的虐待傾向の高い母親は夫の子育て支援があまりないことが分かりました。

③ 子育て不安の高い母親ほど子どもへの虐待的傾向が高い：母親が子育てに不安やストレスを感じながら子どもに接することは、子どもの心身の発達に好ましくなく、また、母親が児童虐待に至るという事態も起こりうると言われています。母親の子育て不安の程度（高い群、中間群、低い群）と子どもへの虐待的傾向の関連性を調べた結果、身体的虐待傾向，ネグレクト的虐待傾向および心理的虐待傾向のいずれも、子育て不安の高い群ほど虐待的傾向が高く、子育て不安の低い群ほど虐待的傾向が低いことが明白になりました。図3は、母親の身体的虐待傾向と子育て不安の関係を図に表したものです。

また、筆者は、2019年に岡山市の就学前の子どものいる世帯を対象に就学前親子が利用する居場所のニーズなどに関する質問紙調査を実施しました〔八重樫、2021: 18-26〕。回答が得られた1,275人について、児童虐待（子どもをたたくこと）と子育て不安や就学前親子のニーズとの関連性について検討した結果、以下のことが明らかになりました。①子どもの月数が多く、②怒鳴ることに肯定的で、③子どもの頃親等にたたかれた経験や、④子どもの頃親等に怒鳴られた経験のある人ほど子どもをたたく傾向があること、さらに、⑤子育て困

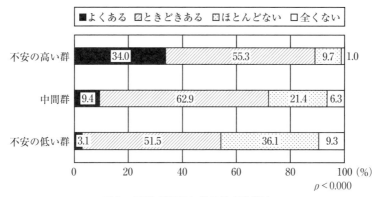

図3 子育て不安と身体的虐待傾向

出典：八重樫牧子（2003）「母親の虐待的傾向および虐待的経験との関連性からみた母親の子育て不安」『子ども家庭福祉学』第3号、17頁。
注）上記の論文の「図4 子育て不安と身体的虐待傾向」を一部修正した。

難感が高く、⑥子育て相談・支援ニーズが低く、⑦遊び場ニーズの高い人ほど子どもをたたく傾向があることが明らかになりました。また、子どもをたたいた経験と子どもの頃親等にたたかれた被虐待経験の関連性（いわゆる児童虐待の世代間連鎖）については低い相関がありました（$\rho = 0.295$、（$\rho < .01$））。ただし、森田〔2018a: 43-57〕も指摘しているように、被虐待児だった人の7割は自分の子どもを虐待しないことに注意しなければなりません。不正確な「虐待の世代間連鎖」は、過酷な子ども時代を生き抜いてきた人びとをさらに苦しめており、できるだけ早い時期にその人の苦悩に共感をもって理解を示し、寄り添って話を聴いてくれる人がいれば連鎖はしないということです。

5．子どもの権利保障の視点に立った児童虐待の対応

児童虐待と子どもの権利

以上のように、子育て不安の高い母親ほど子どもを虐待する可能性が高いことが明らかになりました。多くの母親が子育て不安やストレスを感じながら子育てをしており、働いている母親より、むしろ専業主婦の方が子育て不安が高

くなっています。家族病理としての児童虐待が増加していることが確認できました。そこで、子育て不安やストレスを軽減し、児童虐待を予防するためには、すべての子育て家庭に対する子育て支援が、児童家庭福祉の重要な課題になってきます。

　また、「児童の権利に関する条約」を踏まえて、今後は、子どものウェルビーイングを促進し、子どもの自己実現を保障していくことも、児童家庭福祉の重要な課題になってきています。児童虐待などの人権侵害が行われている場合は、公権が親権に介入することができることも確認できました。さらに、「子どもの最善の利益」を保障するためには、子どもは未熟であるがゆえに大人から保護される受動的権利を保障されなければなりませんが、同時に、子どもを権利行使の主体と位置づけた能動的権利も保障されなければならないことが分かりました。とくに、「意見を表明する権利」を保障する手続き、すなわち、子どもの年齢に配慮しながら、子どもがみずからの意見を表明することを尊重し、子ども自身にかかわる事柄を決定する場に子どもが参加できる機会を保障していくための手続きを整備することが必要になってきています。

　2022年6月に改正された児童福祉法では、社会的養護のもとで生活している子どもの権利擁護に係わるさまざまな取り組みが規定され、都道府県等において、引き続き、子どもの権利擁護の取り組みを推進するため、意見表明等支援員（アドボケイト）をはじめ、関係機関・関係者による意見表明等支援（アドボカシー）の取り組み（意見表明等支援事業）が進められています〔こども家庭庁、2024c〕。

　イングランド政府は、「アドボカシーとは子どものために声をあげることである。アドボカシーとは、子どもをエンパワメントすることである。そのことによって子どもの権利が尊重され、子どもの意見と願いがいつでも聞いてもらえるようにするのである。アドボカシーとは、子どもの意見、願い、ニーズを意思決定者に対して代弁することである。そして彼らが組織を運営するのを助ける。」と定義しています〔栄留里美・長瀬正子・永野咲、2021: 68-69〕。

　今後、社会的養護を必要とする子どもだけではなく、すべての子どもの意見表明権など子どもの権利を擁護し保障する「こどもアドボカシー」〔全国こど

もアドボカシー協議会、2024〕の活動が求められています。

　そこで，最後に、子どもが児童虐待などの権利侵害を受けた時、子ども自身が「意見を表明する権利」などの、みずからの権利を主体的に行使できるようにするためには、どのような配慮が必要なのかということを考えておきたいと思います。

　権利とは何か

　これまで、何度も「権利」という言葉を使ってきましたが、「権利とは何か」と聞かれたら、どのように答えればよいのでしょうか。広辞苑には、権利とは「物事を自由に行なったり、他人に対して当然主張し要求することのできる正義」と書いてあります。このような定義は理解しにくいので、森田ゆり〔1998: 26-27〕は、基本的人権とは、「人が人間らしく生きるために欠かせないもの」「それがなければ生きられないもの」であり、衣・食・住の基本的人権とならんで、人間が尊厳を持って生きるためになくてはならない「安心して」「自信をもって」「自由に」生きるという大切な基本的人権があると述べています（第1章　人間の尊厳と福祉「5. 福祉のなかの人間の尊厳」参照）。なぜ、この3つの権利が大切な基本的人権なのかを理解するためには、その権利が奪われるとどうなるかを考えると理解しやすいでしょう。そこで、森田は暴力行為を受けた被害者に共通する心理を例にあげて説明しています〔森田、1998: 27-28〕。

　被害者は、暴力を受けることによって「恐怖と不安」を抱き、「無気力」に陥り、「行動の選択肢が何もない」と思い込むようになります。「恐怖と不安」は「安心」でない状態であり、「無気力」とは「自信」がない状態であり、そして「選択肢がない」とは「自由」がないことです〔森田、1998: 27-28〕。虐待という暴力によって、虐待を受けた子どもはこのような心理に追い込まれ、人間としての尊厳の感覚を失い、人間らしく生きる力を失ってしまうのです。人権とは、「人の生きる力」であり、「『わたし』が『わたし』であることを大切に思う心の力」であり、「私のいのちを尊重し、他者のいのちを尊重する力」であると言うこともできます〔森田、2004: 25〕。

児童虐待とエンパワメント

このように、人権は生きる力であり、虐待などによって生きる力が弱められた時に、その力をいかにして回復するか、その方法を考えることがとても重要になってきます。「エンパワメント」という、人間と社会に対する分析と価値観に基づいた方法が有効になってきます。森田は、図4のようにエンパワメントの方法を図に表しています［森田、2004: 25］。

エンパワメントは人権と不可分に結びついた考え方であり、人は生まれながらにさまざまな素晴らしい力（パワー）を持っているという人間観から出発します。このような、本来持っている力には、生理的力、人とつながる力、人権という自分を尊重する力、自分を信頼する力などがあります。また、その力のなかには、自分を癒す力、降りかかってきた問題を解決していく力、そして個性という力もあります。

このような、自分が本来持っている力は、外からの力（外的抑圧）によって傷つけられます。外的抑圧は、比較、いじめ、体罰、虐待とさまざまな形をと

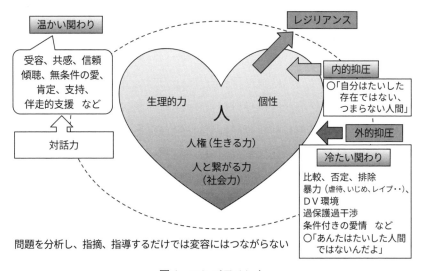

図4　エンパワメント

出典：森田ゆり「連載 Diversity Now 多様性の今　16　エンパワメントとレジリアンス」『部落解放　2018年11月号』765号、2018b
注）上記の著書の一部加筆を行った。

りながらも、共通する1つのメッセージを送り続けます。それは「あなたはたいした人間ではないんだよ」というメッセージであり、人は、しばしばそのメッセージを信じ、みずからを抑圧してしまいます。森田はこれを「内的抑圧」と呼んでいます［森田、2004: 26］。エンパワメントとは、このような外的抑圧をなくし、内的抑圧を減らしていくことによって、本来持っている力を取り戻すことなのです。

　外的抑圧のない環境はありえませんが、一方では、人はこの外的抑圧をはね返してしまう力も持っています。これを森田はレジリアンシー（弾力性）と呼んでいます［森田、2004: 28］。虐待などによって生きる力が弱められ、自分の力に気づくことができなくなってしまった時、自分のかけがえのなさに気づくように働きかけ、内的抑圧の方向を逆にするような支援者の暖かい関わりによって、レジリアンシーを活性化することができます。

「永続性の感覚」と「アイデンティティー」

　親から虐待を受けた子どもは、子どもの最善の利益のために親から分離され、児童養護施設などで生活する場合もあります。このような場合、すべての子どもに基本的な身体的、心理的ニーズを充足するだけではなく、「永続性（パーマネンシー）の感覚」と自己への「アイデンティティー（自己肯定感）」を獲得できるようにすることが、施設で生活している子どもたちにかかわるソーシャルワーカーにとって重要な課題になってきます［Thoburn、1998: 45-47］。なぜなら、これらの2つは、子どもが将来安定した人間関係を築くのに必須の自尊心を培うために、バランスよく保持されなければならないからです。図5は、このような公的な保護のもとで保障されなければならない、子どもの固有のニーズを表したものです。施設で育った子どもが親になった場合、将来のパートナーや子どもとの関係が崩れやすいことが分かっています。また、アイデンティティーの感覚は、親や家族、その他、愛情をかけてくれる人びととの継続的交流によって養われるのです。

　人権とは、「人の生きる力」であり、「『わたし』が『わたし』であることを大切に思う心の力」であり、「私のいのちを尊重し、他者のいのちを尊重する

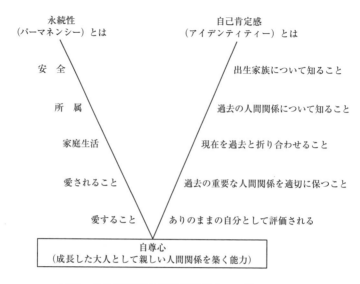

図5　公的保護下の児童の固有のニーズ

出典：June Thoburn（平田美智子・鈴木真理子訳）（1998）『児童福祉のパーマネンシー ケースマネジメントの理念と実践』筒井書房、p.47。

力」だとするならば、自尊心を培うことは、人権意識を培うことでもあります。子どもの権利擁護活動が最も進んでいる国の1つであるカナダのオンタリオ州では、「子ども家庭サービス法」により、権利擁護サービスのシステムが構築され、「子どもの権利・責任ハンドブック」が作成されています［高橋、2002b: 182］。わが国においても、これらを参考に、1995年、大阪府が日本の自治体でははじめて「子どもの権利ノート」を作成し、児童養護施設等で生活する子どもたちに配布しましたが、以後、同様のノートは、神奈川県、東京都、埼玉県、島根県など、多くの都道府県で作成され、配布されています［高橋、2002b: 182］。

また、先に述べたように、2022年6月に改正された児童福祉法では、社会的養護のもとで生活している子どもの権利擁護に係わるさまざまな取り組みが規定され、意見表明等支援事業は2024年4月からスタートしています。

今日、親から虐待を受けた子どもたちが、「安心」「自信」「自由」という、

子どもにとって特別に大切な人権を保障するために、子どもたち自身や職員やまわりの大人たちは、人権意識を培い、アドボケイトとして活動することが重要になっています。

6. おわりに
―人間福祉の視点にたった児童家庭福祉のあり方―

「社会科学としての社会福祉」は、主として「幸福」の外的条件を整備する制度・政策を重視してきました。それに対して、「人間福祉」は、各人の、人間としての尊厳と人権を尊重し、保障するという目的を達成するため、「幸福」の外的条件・内的条件双方ともに整備・拡充することであると言えます［秋山、2004: 13-15］。人間福祉をこのように捉えるならば、これまで述べてきた子どもの視点に立ち、子どものウェルビーイングを目指す児童家庭福祉は、新しい「人間福祉」として位置づけられると言えるでしょう。

虐待という暴力を受けた子どもは、安心と自信と自由が奪われ、人間としての尊厳の感覚を失い、人間らしく生きる力を失ってしまいます。また、虐待をする親も、子どもの時に受けた虐待の経験や子育て不安やストレス等によって、人間らしく生きる力（私のいのちを尊重し、他者のいのちを尊重する力）が弱まっています。虐待を受けている子どもとその親を支援する場合、まず、支援者は子どもやその親の、本来持っている生きる力を信頼することが必要です。そして、支援者は、子どもやその親の気持ちを共感的に傾聴し、子どもやその親のありのままの存在を受容し、子どもやその親と一緒に、現在直面している問題状況を解決するための行動の選択肢を探すことが大切です。そうすることによって、子どもやその親は、問題を解決することは可能だという自信を取り戻していくのです。また、ソブンは、虐待によって心に傷を負った子どもに接する支援者は、子どもが心の傷を表現するために引き起こすトラブルに取り組むことが必要であり、このようなトラブルに取り組む中で失敗する出来事に対して、支援者自身がばかばかしいとか、愚かであるとかといった感情を持って

はいけないことを強調しています［Thoburn、1998: 46］。人間福祉の実践には、人の痛みを感じ、共感し、ただ目の前にいる人を愛し、働きかけることが必要であると言われています［秋山、2004: 17-39］。時には、なすすべがなく、その場から逃げないで、子どもや親の、本来持っている「生きる力」を信頼し、寄りそい、ただ見守り続けるという「立ち尽くす勇気」も必要になってきます。人間福祉としての児童家庭福祉の実践が、子どもや親を取り巻く環境を正しく認識し、子どもの権利を保障し、子育て支援を進めていくためには、時には、このような勇気も必要になってくるでしょう。

【引用文献】
Adolf Portmann『人間はどこまで動物か』（岩波新書）（高木正孝訳）岩波書店、1991年
秋元美世・大島巌・芝野松次郎・藤村正之・森本佳樹・山縣文治『現代社会福祉辞典』有斐閣、2003年
秋山智久「第1章 人間福祉とは何か」「第2章 人間福祉の実践」秋山智久・平塚良子・横山穣『人間福祉の哲学』ミネルヴァ書房、2004年
網野武博「子どもの発達・自立と『児童の権利に関する条約』の意義」『子ども家庭福祉情報』第5号、1992年
網野武博「父母の第一義的養育責任」『子ども家庭福祉情報』第9号、1994年
栄留里美・長瀬正子・永野咲『子どもアドボカシーと当事者参加のモヤモヤとこれから―子どもの「声」を大切にする社会ってどんなこと？』明石書店、2021年
古川孝順『児童福祉改革―その方向と課題―』誠信書房、1992年
池田由子『児童虐待 ゆがんだ親子関係』（中公新書）中央公論社、1978年
June Thoburn『児童福祉のパーマネンシー ケースマネージメントの理念と実践』（平田美智子・鈴木真理子訳）、筒井書房、1998年
柏女霊峰『現代児童福祉論』誠信書房、1995年
菊池幸子「自立」京極髙宣監修『現代福祉学レキシコン』雄山閣出版、1993年
厚生労働省「令和4年度福祉行政報告例（児童福祉関係の一部）の概況」2024年
　　https://www.mhlw.go.jp/toukei/saikin/hw/gyousei/222/dl/gaikyo.pdf
こども家庭庁「こども大綱」2024a
　　https://www.cfa.go.jp/policies/kodomo-taikou/
こども家庭庁「令和4年度児童相談所における児童虐待相談対応件数」2024b
　　https://www.cfa.go.jp/assets/contents/node/basic_page/field_ref_resources/a176de99-390e-4065-a7fb-fe569ab2450c/b45f9c53/20240926_policies_jidougyakutai_26.pdf
こども家庭庁「改正児童福祉法の概要」2024c
　　https://www.cfa.go.jp/policies/jidougyakutai/Revised-Child-Welfare-Act/

森田ゆり『エンパワメントと人権　こころの力のみなもとへ』解放出版社、1998年
森田ゆり『新・子ども虐待　生きる力が侵されるとき』（岩波ブックレット）岩波書店、2004年
森田ゆり「MY TREE ペアレンツ・プログラムのあらまし」森田ゆり編著『虐待・親にケアを―生きる力を取り戻す MY TREE ペアレンツ・プログラム』築地書館、2018a
森田ゆり「連載　Diversity Now 多様性の今　16　エンパワメントとレジリアンス」『部落解放　2018年11月号』765号、2018b
永井憲一・寺脇隆夫『解説・子どもの権利条約』日本評論社、1990年
中谷茂一「統計でみる虐待」高橋重宏・庄司順一編著『福祉キーワードシリーズ　子ども虐待』中央法規、2002年
野口恭子・石井トク「乳幼児をもつ母親の子どもに対する衝動的感情と反応」『小児保健研究』第102号、2000年
両角伊都子・角間洋子・草野篤子「乳幼児をもつ母親の育児不安に関わる諸要因―子ども虐待をも視野に入れて―」『信州大学教育学部紀要』第99号、2000年
庄司順一「発生要因」高橋重宏・庄司順一編著『福祉キーワードシリーズ　子ども虐待』中央法規、2002年
高橋重宏「今なぜ『国際家族年』か―その理念と日本の課題―」『子ども家庭福祉情報』第8号、1994a
高橋重宏『ウェルフェアからウェルビーイングへ』川島書店、1994b
高橋重宏「子ども家庭福祉の理念」高橋重宏・山縣文治・才村純『子ども家庭福祉とソーシャルワーク』有斐閣、2002a
高橋重宏「子どもの権利・責任ノート」高橋重宏・庄司順一編著『福祉キーワードシリーズ　子ども虐待』中央法規、2002b
八重樫牧子「今後の児童家庭福祉施策の基本方向(2)」『川崎医療福祉学会誌』第5巻第2号、1995年
八重樫牧子「母親の虐待的傾向および虐待的経験との関連性からみた母親の子育て不安」『子ども家庭福祉学』第3号、2003年
八重樫牧子「子ども虐待と子育て不安や就学前親子のニーズとの関連性―岡山市の就学前親子の居場所に関する調査より―」『厚生の指標』第68巻12号、2021年
山田容「『児童福祉』から『子ども家庭福祉』への転換―その可能性と課題」住谷磬・田中博一・山辺朗子『人間福祉の思想と実践』ミネルヴァ書房、2003年
全国こどもアドボカシー協議会『こどもアドボカシー活動の手引き　こどもの権利擁護・保障を求めて』2024年

> **コラム** 子どもの問題解決力を育てる
>
> レジリアンシーという視点から子どもの問題解決力を育てるためには、次のような、子どものエンパワメントの具体的方法があります［森田、2004: 28-30］。
>
> ① 気持ちを表現する：気持ちを表現させてあげます。感情は言葉にすることで自分にも相手にもはっきりし、そこにコミュニケーションが生まれます。いったい、誰に対して、何が理由で「ムカついて」いるのか、さらに自分は相手に何を求め、何をしたいのか、それを言葉にすることで見えてきます。
>
> ② 人の力を借りる：解決のために人の力を借りることも大切です。自立とは、一人で立つことではありません。自立の根底には自分を信じ、自分を受け入れてくれる人びとの支えがあり、それがあってはじめて人は立つことができます。人は自分に自信があるから、人に力を借りることができるのです。
>
> ③ 行動の選択肢を探す：外的な資源を活用し（人の力を借りる）、内的な資源を掘り起こす（自分への自信を取り戻す）ために、援助者は子どもの気持ちを聴き、受け止め、子どもと一緒に行動の選択肢を探します。
>
> このように、子どものまわりにいる援助者などの大人が、子どもの気持ちに寄り添い、子どもの話を傾聴し、子どものありのままの存在を受容し、共感することによって、子どもは、本来持っている「生きる力」を回復し、「安心」「自信」「自由」を持って生活をすることができるのです。

第9章
高齢社会と老い

1．高齢社会の進展

高齢化の現状と将来

「古稀」とは数え年で70歳を指す言葉です。かつては「古来稀」であった70歳ですが、いまや多くの日本人が古稀を超えて生きる時代になりました。2023年現在の日本人の平均寿命は、男性が81.09年、女性が87.14年であり、今後も延びると予測されています［厚生労働省、2024a］。2050年には女性の平均寿命が90年を超え、2070年には、男性が85.89年、女性が91.94年に達すると見込まれています［国立社会保障・人口問題研究所、2023年］。1963年に統計が開始された当初には153人だった100歳以上の高齢者数は、2024年には95,119人に達し、54年連続で過去最多を更新しています［厚生労働省、2024b］。

こうした長寿化の背景には、生活環境の改善や医療技術の進歩などがあり、日本の高齢化は戦後急速に進みました。古代から戦前までの日本では、平均寿命が50歳を超えたことはありません。第1回生命表（1891年〜1898年）によると、当時の平均寿命は男性が42.8年、女性が44.3年となっています。第8回生命表（1947年）で初めて男女とも50歳を超えました［厚生労働省、2012年］。この20世紀後半の著しい寿命の伸長は「長寿革命」とも呼ばれます。なお、平均寿命は0歳の平均余命であり参考にする際は注意が必要です。また、平均

寿命だけでなく健康寿命（健康上の問題で日常生活に制限のない期間）の観点から考えることも重要です。

高齢化率（総人口に占める65歳以上の割合）は2023年に29.1％に達しています［総務省、2024年］。1950年には5％に満たなかった高齢化率は、1970年に7％（高齢化社会）、1994年に14％（高齢社会）を超え（倍加年数24年）、現在に至るまで上昇を続けています。65歳以上人口は2040年代前半にピークを迎えると推計されていますが、少子化の影響等により高齢化率は上昇を続け、2070年には38.7％に達すると予想されています［国立社会保障・人口問題研究所、2023年］。

波平さんから考える高齢社会のかたち

国民的アニメ「サザエさん」に登場する波平さんの年齢をご存じでしょうか？　学生に尋ねると「65歳」や「70歳」という答えが多いのですが、実際は54歳です。現在の54歳と比較すると、波平さんはずいぶん年配に見えます。長谷川町子が「サザエさん」の連載を開始した昭和20年代の平均寿命から考えると、当時の54歳が高齢に感じられることがわかります。

アニメでは歳をとらない波平さんですが、ここでは彼の「その後」を少し考えてみましょう。日本では、昭和20年代から30年代にかけて定年制が定着し、一般的な定年年齢は55歳でした。サラリーマンの波平さんは1年ほどで定年退職を迎えることになります。当時の厚生年金の支給開始年齢は55歳[1]だったため、定年後は年金を受給しながら生活し、十数年後には人生の終わりを迎えるといったところでしょう。現在と比べると、当時の年金受給期間は相対的に短かったことがわかります。

また、波平さんは三世代同居で暮らしており、介護が必要になった場合は、フネさんやサザエさんを中心に家族が協力することになるでしょう。さらに、近所付き合いが活発な時代背景もあり、地域の助けも得られるでしょう。当時の介護は家庭内の女性が担う家族機能の一部とされていました。高齢者を対象とした福祉制度は存在していましたが、利用できるのは身寄りがなく経済的に困窮した一部の人に限られていました。

> **コラム** 高齢者って何歳から？
>
> 　みなさんは、何歳からが「高齢者」だと思いますか？　実は、これには明確な定義がありません。国際連合が1950年代の報告書で65歳以上を高齢者として高齢化率を算出したことから、この基準が国際的に広く採用されていると言われています。
>
> 　近年では、65歳以上を高齢者とする基準の見直しが議論されています。例えば、日本老年学会・日本老年医学会「高齢者に関する定義検討ワーキンググループ報告書」(2017年)では、平均寿命の延びや高齢者の健康状態の改善、国民意識の変化などを背景に、75歳以上を高齢者とする定義が提言されました。また、国際連合の報告書『World Population Ageing 2019』では、高齢者の基準を一律に65歳として計算する老年人口指数（OADR：Old-Age Dependency Ratio）に加え、余命を考慮した新しい指標であるPOADR（Prospective OADR）を用いた議論が行われています[日本老年学会、2024年]。
>
> 　「高齢社会対策大綱（2024年）」でも、65歳以上を一律に高齢者とするのは現実的ではなく、年齢によって「支える側」と「支えられる側」を単純に画することは実態にそぐわないとし、新しい高齢期像を模索する必要性が指摘されています。
>
> 　老いの最大の特徴は、その多様性にあります。高齢になるほど、身体的・精神的・社会的、さらには霊的な面で個人差が大きくなるため、年齢で一律に「老い」を定義するのは非常に困難です。生物学的にみても、老いは「不規則で不連続な多重構造」とされ、非常にアンバランスなものです[多田、1987: 100]。
>
> 　そもそも、年齢で高齢者を一律に規定する考え方は、近代的かつ西洋的なものです。例えば、イヌイットの社会では、男性の高齢者とは厳寒の冬場に狩猟ができなくなった人を指していました。このように、年齢ではなく、機能や地位、役割などによって高齢者を規定してきた文化も多く存在します。老いの多様性を認識するならば、「高齢者とはこうあるべき」という画一的な高齢者像を求める現代社会のあり方こそ、見直されるべきではないでしょうか。

　一方、現代では世帯構成や社会環境が大きく変化しています。65歳以上の者のいる世帯についてみると、1980年に全世帯の5割を超えていた三世代世帯が1割以下になり、単身世帯および夫婦のみの世帯がそれぞれ約3割を占め

ています、特に、単身世帯は今後も増え続け、2050年には65歳以上の者のいる世帯の約半数を占めると見込まれています。また、近所付き合いや人間関係の希薄化が進み、社会的孤立が健康や死亡率に与える影響が懸念されています。こうした背景から、2024年4月1日に「孤独・孤立対策推進法」が施行されました。高齢者の社会的孤立や孤立死への対策が急務となっています。

そして、波平さんが人生の最期を迎える場所はおそらく自宅でしょう。現在、多くの人が病院で最期を迎えていますが、自宅と病院の割合が逆転したのはそれほど昔のことではなく1970年代半ばのことでした。なお、2000年以降、病院で最期を迎える割合は徐々に減少し、自宅や介護施設での看取りが増加する傾向にあります［厚生労働省、2024c］。この変化は、時代や社会環境の変遷を象徴するものといえるでしょう。

2．老いとその問題

多くの人が高齢期まで生きられるようになった背景には、生活環境や栄養状態の改善、医療技術の進歩などが挙げられます。これらは、戦後の奇跡的な経済発展による成果であり、日本の高齢社会は喜ばしいものといえるでしょう。しかし一方で、現代の日本では高齢社会が重大な課題として語られることが少なくありません。新聞やメディアでは、医療、年金、介護といったテーマが「問題」として取り上げられることが多く、その影響もあって、学生に高齢者や高齢社会の印象を尋ねると、介護問題や高齢者虐待、年金問題、介護人材不足といったネガティブなイメージが圧倒的です。

こうした状況は、社会保障制度の整備が進んだことと関係しています。かつて、高齢者をめぐる課題は、家族や地域で解消されるべき「個人の問題」とされていました。例えば、こどもの保育や病人の看病、障がいのある人の介護といった役割は、家族や地域が担うものでした。社会保障制度の整備が進むにつれ、こうした個別の課題は社会全体で議論されるべき「社会の問題」として認識されるようになったのです。

このような背景を踏まえ、哲学者・鷲田清一の指摘について考えてみましょう。

> 老いが「『問題』だとは、わたしはおもわない。わたしが、そして身のまわりのひとが、何らかのかたちでこれを引き受けてゆかざるをえない、ただそれだけのことである……生きるということは日々老いるということでもあり、人生において〈老い〉はことさらに言挙げされるような特別なこととはおもわない。……問題なのは、それじたい『問題』ではない〈老い〉が、わたしたちの社会では『問題』として浮上してこざるをえなくなった、そのことなのである」[鷲田、2015: 2-6]。

「老い」それ自体は本来「問題」ではないはずなのに、現代社会ではなぜ「問題」として取り上げられるのでしょうか。この問いを起点に、高齢社会が抱える課題について、いくつかの視点から考えていきたいと思います。

3．老いと文化

「老いる」とは、生物学的には加齢に伴う生理的機能の減退を指します。しかし、フランスの哲学者シモーヌ・ド・ボーヴォワール（Simone de Beauvoir; 1908-1986）は、「老いる」という現象を「単に生物学的事実であるだけでなく、文化的事実である」と指摘しています［ボーヴォワール、1970: 20］。老いることは人間にとって不可避ですが、その事象に意味を与えるのは、文化や社会の価値観なのです。

ボーヴォワールは『老い』（1970年）において、生物学、哲学、歴史、文化といった多角的な視点から老いを論じています。彼女は現代西洋社会における老いへの態度を次のように批判しています。「老いはいわば一つの恥部であり、それについて語ることは不謹慎」とされ、「人間がその最後の十五年ないし二十年のあいだ、もはや一個の廃品でしかないという事実は、われわれの文明の挫折をはっきりと示している」と辛辣に述べています［ボーヴォワール、1970: 6-12］。

西欧文化の影響を強く受けた現代日本においても、老いに積極的な意味を見出すのは難しく、ネガティブに捉えられる傾向があります。近現代の産業社会では、若さや生産性が重視され、老いは否定的に扱われることが多くなりました。このような年齢に基づくステレオタイプや偏見、差別のプロセスを、老年医学者ロバート・ニール・バトラー（Robert Neil Butler）は「エイジズム」と定義しています。

　確かに、歴史的にも老いることは苦痛や負担とされる側面がありました。しかし一方で、生産性や効率を過度に追求しない社会では、老いは経験や知識の蓄積とみなされ、価値あるものとされていました。たとえば、江戸時代の大老や老中のような役職には、老いが賢慮や成熟を象徴する意味が込められています。また、老いの境地に達することが人間の最終的な成熟を意味するという考え方も広く見られます。翁と媼の神性や、姥捨伝説に描かれる老いと死への主体性や覚悟はその一例です。こうした視点から考えると、老いは単なる衰退ではなく、成熟や人生の最終的な到達点として積極的な意味を持つものといえるでしょう。

4．高齢者と健康

　医療や介護の問題が盛んに議論される一方で、健康への関心が高まり、いわゆる「健康ブーム」ともいえる現象が広がっています。健康番組は高視聴率を記録し、健康食品の売れ行きが伸びています。メディアで「この商品が健康に良い」と報じられると、商品が店頭から消えることさえあります。

　また、アンチ・エイジング関連の商品が市場にあふれ、「いつまでも若々しく健康に」「老いを感じさせない」といた言葉が、まるで呪文のように繰り返されています。生産性を重視する社会の価値観と中高年層の消費行動の活発化が相まって、アンチ・エイジング関連商品の市場規模が拡大しています。しかし、「老化は抗うべきもの」とするアンチ・エイジングの思想は、「老い＝恥部」という固定観念を強化し、老いに積極的な意味を見出すことを妨げているので

はないでしょうか。

　こうした風潮は、「老いないこと」「いつまでも若々しく、美しく、健康であること」を称揚する一方で、「老い」「病気」「障がい」は避けるべきものと見なす傾向を強めているように思われます。もちろん、健康な生活を望むのは自然なことです。しかし、健康とは、外見の美しさや身体的な状態だけで測られる皮相な概念ではありません。WHOの定義にあるように、健康とは身体的、精神的、社会的に良好な状態を指し、単に病気や障害がないことを意味するものではないのです。たとえ病気や障がいがあったとしても、他者のケアを受けながら自分らしい生活が送れるなら、それは健康だといえるでしょう。

　むしろ、健康には、自分の現状をどのように受け入れ、融和させるかという、心のあり方が深く関わっています。その心を支えるのは、外見や身体的健康だけでなく、現状を受け入れる姿勢や、それを支える人間関係ではないでしょうか。生を受けた人間にとって「老・病・死」は避けられない現実です。これらを否定的なものとして捉えるのではなく、人生の一部として受け入れる姿勢こそが重要です。現代の健康志向は、こうした人間の本質を見まがう危険性を孕んでいるように思われます。

5．高齢者と介護

　高齢化の進展に伴い、支援を必要とする高齢者が増加しています。介護保険の要介護・要支援認定者数は、2000年4月末の218万人から2022年3月末には690万人へと約3.2倍に増加しました［厚生労働省、2023c］。要介護認定率は年齢とともに上昇し、65歳以上75歳未満では5％未満ですが、75歳以上85歳未満で約2割、85歳以上では約6割に達します［厚生労働省、2023a］。2025年には団塊の世代が75歳以上となり、医療や介護サービスの需要がさらに増大し、社会保障制度への影響が深刻化すると懸念されています。

　介護者の状況をみると、主な介護者の約半数が同居家族であり、その内訳は、配偶者が22.9％、子が16.2％、子の配偶者が5.4％となっています。介護者の

性別は、男性が31.1％、女性が68.9％となっています。年齢構成を見ると、男性の46.4％、女性の48.1％が70歳以上であり、「老々介護」の実態が浮き彫りになっています［厚生労働省、2023b］。

2001年と比較すると、同居家族による介護の割合は71.1％から減少し、特に子の配偶者による介護は22.5％から5.4％へと大きく減少しました。一方で、男性介護者の割合は、16.8％から31.1％へと増加しています［厚生労働省、2002年］。介護保険制度の導入により介護の社会化は進展しましたが、それでもなお、介護の多くは同居家族に依存している状況です。

家族介護の負担は重く、介護離職者は毎年約10万人にのぼります。2030年には、家族介護者の約4割（約318万人）が仕事と介護を両立する「ビジネスケアラー」となり、経済損失は約9.1兆円に達すると推計されています［経済産業省、2024］。また、30歳未満の若年介護者は約20万人存在しています［総務省、2023年］。男性介護者や若年介護者、ヤングケアラー（本来大人が担うと想定されている家事や家族の世話などを日常的に行っているこども・若者[2]）など介護者の多様化が進んでいます。

「家族に介護してもらうことが幸せ」「育ててもらったのだから介護するのは当然」という家族観は根強く残っており、これが介護する家族の孤立や負担の増加につながっています。十分な人員や経済的余裕があれば、介護というケアの営みを通じて高齢者も家族も成長することができるでしょう。しかし現実には、「困っている」「助けてほしい」と声を上げづらく、家族を孤立させています。高齢者虐待の問題では、介護者を非難しがちですが、その背景には孤立や経済的問題などの要因が複雑に絡み合っており、家族も含めた包括的な支援が必要です。

高齢者と介護者双方のQOLの向上を目指し、家族の介護負担の軽減や仕事と介護の両立支援など、包括的な支援体制の整備が急務です。高齢者と介護者がともにより豊かな生活を送れる社会の実現が求められています。

6．高齢者と認知症

　認知症という言葉は日常的に使われるようになりましたが、多くの人は依然として「何もわからなくなる」「普通の生活が送れなくなる」といった誤った認識を持っているかもしれません。認知症の問題は、「認知症の人が引き起こす問題に周囲が対処しなければならない問題[3]」として捉えられがちです。

　認知症とは、脳の疾患によって認知機能が低下し、日常生活に支障が生じる状態を指します。年齢とともに有病率は上昇しますが、若年性認知症のように若い世代でも発症することがあります。超高齢社会の現代において、認知症は誰にとっても身近な課題といえるでしょう。

　認知症への理解を深めるために、特別養護老人ホームで生活するＡさんの事例を見てみます。Ａさんは重度の認知症があります。夕方になると帰宅願望が現れ、出口を探して施設内を歩き回ります。一見すると「困った行動」に思えますが、Ａさんの内的世界に目を向けると、全く異なる物語が見えてきます。Ａさんには夫と2人の息子がいます。夫はすでに他界し、息子たちは独立していますが、Ａさんの世界では、幼いこどもたちが母親の帰りを待っており、夫も間もなく帰宅するため、買い物を済ませて夕食の支度をしなければならないのです。Ａさんにとって、この行動には意味があり、そこには家族を想い続ける母親の姿があります。「認知症とはこういうものだ」という固定観念から離れ、一人ひとりの内的世界を理解しようとすることで、多くの新しい発見があります。確かに認知症の人は苦手なこともありますが、得意なことやできることもたくさんあります。認知症の人の意思を尊重しつつ、さりげない工夫や気遣いによるケアによって、自分らしく前向きに暮らすことができるのです。

　高齢社会の進展に伴い、認知症高齢者の数は増加しています。予防も重要ですが、認知症になっても安心してその人らしく暮らせる社会の構築がより重要です。さらに言えば、「誰もが安心して認知症になれる社会」を実現することが目標でしょう。2024年1月に施行された「共生社会の実現を推進するための認知症基本法」は、認知症の人を含むすべての人が個性と能力を発揮し、互

いに尊重し合いながら支え合う共生社会の実現を目指しています［厚生労働省、2023d］。

7．喪失体験と成熟

　高齢期は、退職による職業や収入の喪失、役割の喪失、家族や友人との死別など、さまざまな喪失体験が重なる時期とされています。また、加齢に伴う心身機能の低下も避けられません。高齢期の喪失は「自分の歴史が刻み込まれているかけがえのないもの」の喪失であり、「代わるものを手に入れることが難しい」という特徴があります［竹中、2011: 29］。高齢期の最大の課題は、これまでの人生で培った叡智をもって喪失と向き合い、死に向かって生きていくことだといえるでしょう。この人生の大きな壁とどう対峙すればよいのか、いくつかのヒントを紹介します。

高齢期と喪失の受容

　発達心理学者のエリクソン（Erikson,E.H.；1902-1994）は、人生の発達過程を8段階に分類し、高齢期の課題を「統合」、達成できないときの危機を「絶望」としました。「統合」とは、これまでの人生を振り返り、「これでよかった」と自己を肯定的に評価し受け入れることです。反対に「絶望」は、人生を否定的に捉え、現在の自分を受け入れられない苦悩の状態です。エリクソンは、この人生の最終段階における対立と葛藤を「絶望 対 統合」とし、「統合」が優位なとき、「英知」という徳が与えられると考えました。
　「英知」とは、「死に向き合う中での、生そのものに対する聡明かつ超然とした関心」です。変えられないものを無理に変えようとするのではなく、自然の流れを受け入れる姿勢に表れます。「英知」の対をなすのは「侮蔑」で、歳を重ねるごとに「御用済み」となり、「途方に暮れ」「寄るべもなくなる」という状態で抱く感情への1つの反応だと説明しています。また、対立や葛藤こそが「成長と強さとコミットメントを生み出す源泉」であり、葛藤から導かれる

「統合」は、個人にのみ課せられた重い試練ではなく、他者との触れ合いを通じて経験されるものだと主張しています［エリクソン、2001年］。考えてみると、私たちは、うまくいったことよりも、失敗や苦しみの経験から多くを学びます。そして、そのような経験を乗り越える時は、いつも周囲の助けを借りているのです。

老年的超越

エリクソンは晩年、自身の経験を通じて高齢期の発達課題に第9段階を想定するようになりました。80歳代や90歳代になると身体の衰えが進み、第8段階よりも死の扉は近くなります。多くの喪失や悲しみと向き合う必要があり、「絶望」がより身近になります。そのため、過去を振り返るよりも、日々の喪失や不安に向き合うことが生活の中心課題になります。しかし、エリクソンは、他者に対する「基本的信頼感」によって喪失を受容することができると考えました［エリクソン、2001年］。ケアリング関係によるコミュニケーションを通じて、人生に不可避な喪失を、明るくユーモアをもって受け入れることができるのです。この第9段階で与えられる徳として「老人的超越」が提起されています。

「老年的超越」という概念は、スウェーデンの社会学者トーンスタム（Tornstam, L.）によって提唱されました。高齢期に高まる「物質主義的で合理的な世界観から、宇宙的、超越的、非合理的な世界観への変化」という価値観の転換を意味します［増井、2014: 96］。トーンスタムは、物質的で合理的な社会や社会的役割、人間関係などへの執着が減り、老いていく身体にこだわらず、人生の困難をあるがままに受け入れ、日々の小さな喜びを見つけながら生きる高齢者がいることを発見しました。これは、「生涯現役」など社会的役割を担う生産性のある高齢者像が期待される昨今、それとは異なったものとして注目されている高齢者像です。自然の流れに抗わず、喪失に執着することなく生死の運命を受け入れる思想は、仏教や老荘思想でも理想とされてきました。

ヘルマン・ホイヴェルス「最上のわざ」

　「最上のわざ」
　この世の最上のわざは何？
楽しい心で年をとり、
働きたいけれども休み、
しゃべりたいけれども黙り、
失望しそうなときに希望し、
従順に、平静に、おのれの十字架をになう。

若者が元気いっぱいで神の道を歩むのを見ても、ねたまず、
人のために働くよりも、
謙虚に人の世話になり、
弱って、もはや人のために役だたずとも、
親切で柔和であること。

老いの重荷は神の賜物、
古びた心に、これで最後のみがきをかける。
まことのふるさとへ行くために。
おのれをこの世につなぐくさりを少しずつはずしていくのは、
真にえらい仕事。
こうして何もできなくなれば、
それを謙虚に承諾するのだ。

神は最後にいちばんよい仕事を残してくださる。
それは祈りだ。
手は何もできない。
けれども最後まで合掌できる。
愛するすべての人のうえに、神の恵みを求めるために。

すべてをなし終えたら、

臨終の床に神の声をきくだろう。

「来よ、わが友よ、われなんじを見捨てじ」と。

　この詩は、ドイツ人神父ホイヴェルス（Hermann Heuvers; 1890-1977）の随想選集『人生の秋に』に収められたものです。「年をとるすべ」と題された随筆の中で、老境をどのような心で迎えればよいのかを示すため、南ドイツの友人から贈られた詩を紹介しています。「老いの重荷は神の賜物」とあるように、この詩は老いを恵みとし、謙虚に受け入れる姿勢を表現しています。

　人生における喪失に意味を見いだし、それを受け入れることは、高齢者だけに限られた課題ではありません。人生の各段階で経験する喪失、たとえば、失恋、受験の失敗、失業、大切な人との別離や死別など、誰にでも起こり得るものです。こうした出来事にどのように向き合い、可能性が閉ざされたときでも、その苦悩の中に固有の意味を見いだし、変えられない現実を受け入れていく力を育むことが重要です。このような経験を積み重ねることこそが、「老・病・死」という人間の避けられない本質を受容する準備となるのではないでしょうか。

【注】

1）昭和29年改正によって、昭和32年度から16年かけて60歳に引き上げられました。

2）こども家庭庁ホームページ「ヤングケアラーのこと」
　https://kodomoshien.cfa.go.jp/young-carer/about/

3）「日本認知症ワーキンググループ」設立趣意書
　http://jdwg.org/wp-content/uploads/2017/04/JDWG_prospectus.pdf

【参考文献】

E.H.エリクソン、J.M.エリクソン、村瀬孝雄、近藤邦夫訳『ライフサイクル、その完結』
　（原著1997年発行）みすず書房、2001年

河合隼雄『「老いる」とはどういうことか』講談社、1997年

黒井千次『老いるということ』講談社、2006年

経済産業省「経済産業省における介護分野の取組について」2024年
　https://www.mhlw.go.jp/content/12300000/001221559.pdf

厚生労働省「第21回生命表（完全生命表）の概況」2012年
　　https://www.mhlw.go.jp/toukei/saikin/hw/life/21th/dl/21th_11.pdf
厚生労働省「平成13年国民生活基礎調査」2002年
　　https://www.mhlw.go.jp/toukei/saikin/hw/k-tyosa/k-tyosa01/index.html
厚生労働省「令和3年度 介護保険事業状況報告（年報）」2023a
　　https://www.mhlw.go.jp/topics/kaigo/osirase/jigyo/21/index.html
厚生労働省「2022（令和4）年国民生活基礎調査」2023b
　　https://www.mhlw.go.jp/toukei/saikin/hw/k-tyosa/k-tyosa22/index.html
厚生労働省「介護分野の最近の動向について」2023c
　　https://www.mhlw.go.jp/content/12300000/001099975.pdf
厚生労働省「共生社会の実現を推進するための認知症基本法について」2023d
　　https://www.mhlw.go.jp/content/12300000/001119099.pdf
厚生労働省「令和5年簡易生命表の概況」2024a
　　https://www.mhlw.go.jp/toukei/saikin/hw/life/life23/dl/life23-15.pdf
厚生労働省「令和6年百歳以上高齢者等について」2024b
　　https://www.mhlw.go.jp/content/12304250/001306744.pdf
一般財団法人厚生労働統計協会「厚生統計要覧（令和5年度）」2024c
　　https://www.mhlw.go.jp/toukei/youran/index-kousei.html
国立社会保障・人口問題研究所「日本の将来推計人口（令和5年推計）」2023年
　　https://www.ipss.go.jp/pp-zenkoku/j/zenkoku2023/pp2023_ReportALLc.pdf
佐藤眞一、髙山緑、増本康平『老いのこころ』有斐閣、2014年
シモーヌ・ド・ボーヴォワール、朝吹三吉訳『老い』（原著1970年発行）人文書院、1972年
総務省「令和4年就業構造基本調査」2023年
　　https://www.stat.go.jp/data/shugyou/2022/pdf/kgaiyou.pdf
総務省「人口推計」（2023年10月1日現在（確定値）2024年
　　https://www.stat.go.jp/data/jinsui/2023np/index.html
竹中星郎『「老い」を生きるということ－精神病理とケア』中央法規、2011年
多田富雄、今村仁司編『老いの様式－その現代的省察』誠信書房、1987年
内閣府「高齢社会対策大綱」2024年
　　https://www8.cao.go.jp/kourei/measure/taikou/pdf/p_honbun_r06.pdf
日本老年学会・日本老年医学会「高齢者に関する定義検討ワーキンググループ報告書」
　　2017年　https://geront.jp/news/pdf/topic_170420_01_01.pdf
日本老年学会「高齢者および高齢社会に関する検討ワーキンググループ報告書」（2024）」
　　2024年　https://www.jpn-geriat-soc.or.jp/info/important_info/pdf/20240614_01_01.pdf
ヘルマン・ホイヴェルス『人生の秋に』春秋社、2002年
増井幸恵『話が長くなるお年寄りには理由がある』PHP研究所、2014年
鷲田清一『老いの空白』岩波書店、2015年

終章
人間福祉の未来
―― 私たち一人ひとりに求められるあり方 ――

1．相依性を生きる

　これまで本書で考えてきたように、私たちは、生まれてから死ぬまで、お互いにケアし合いながら生きています。他者からのケアを全く受けずに生活することはできません。人間は互いにケアし支え合う「相依性」をもつ存在です。この相依性の根底には人間存在の「脆弱性」があります。私たちは、自分の弱さや不完全さに気づくことで、お互いに支え合いながら生きているのです。

　しかし、日常生活の中で、私たちは他者のケアによって支えられていることを忘れがちです。そして、「自己の存在は自己自らによってのみ維持され発展してきたとして、それを自己の主体性と見誤ることから、能力としての主体こそが自己であるとされることになる。こうして何かができることが、何かをすることが自己の、そして人間の価値を決める唯一の尺度」だと考えてしまいます［池上 2014: 166-167］。

　相依性と脆弱性の特徴は、私たち人間にとって自明なもののように思えるかもしれません。しかし、現代社会では、自立性や生産性、効率性が重視されるため、相依性と脆弱性はむしろ「克服すべきもの」のように考えられ、その価値が軽視されがちです。現代社会において忘れがちになってしまう、この人間の本質について、あらためて考えることが本書の目的の一つでした。

私たちは幼いころから、「自立した人間になること」や「役に立つ人間になること」を期待され、「弱さを見せてはいけない」「できないことは努力して克服しなければならない」と教えられてきました。しかし、そもそも私たちは自分の意志で生まれたわけではありません。気がついた時にはこの世に生まれ、生きる責任を自然に負わされています。誕生そのものが受動態なのです。そして、生きている間にさまざまな避けられない出来事に遭遇します。「病気になりたくない」「老いたくない」「死にたくない」と思ったとしても、生かされている私たちに選択することはできません。私たちは、誰もが常に、病気になる可能性、障害をもつ可能性、早すぎる死という可能性と対峙しています。

　相依性を生きるということは、「何かを意のままにできることが人生の成熟ではない」ということを理解することでしょう［鷲田、2015］。むしろ、思い通りにならない現実を受け入れ、何かを意のままにしようとする執着から解放されることが成熟した生き方だと言えるでしょう。このような姿勢を持つことで、私たちは人間のいのちが持つ本質的な深さに気づくことができるのではないでしょうか。

2．存在の価値に気づく

　相依性や脆弱性について考えるとき、世の中にはケアを受けることが多い人と、ケアを与えることが多い人がいるように見えるかもしれません。そこには、「与える者」と「与えられる者」、「強い人」と「弱い人」という固定的な関係性があるようにも思えます。しかし、実際にはそうではありません。哲学者の鷲田清一は『〈弱さ〉のちから』で、ケアの場面においては、ケアを必要としている人が、ケアする人をより深くケアするという反転がしばしば起こることを、「ホスピタブルな光景」として説明しています［鷲田、2001］。

　このことを深く理解するために、日野原重明医師に密着したドキュメンタリーを例に挙げます。映像には、時に医師として患者と向き合い、時に教育者として子どもたちと向き合う、日野原医師の姿が描かれています。多くの人が、

100歳を超えてなお活躍する日野原医師の姿に感銘を受けるでしょう。しかし、視点を変えてよく見ると、患者との関りを通して、日野原医師自身が患者から力を与えられている光景がいくつもあることに気づきます。

特に印象的なのは妻の静子さんとの関係です。静子さんは、認知症を患い意思の疎通が難しくなってきています。日野原医師はどんなに忙しくても静子さんと向き合い時間を共にすることを大切にしています。その時間には、言葉を超えた信頼関係に基づく存在と存在による対話があり、静子さんの存在が日野原医師に生きる力を与え続けています。日野原医師は、静子さんの苦しみを和らげ、静子さんの純粋な気持ちが残ることを心から願い、共に老いつつ生きる一体として静子さんの傍らにいます。第2章でも引用したように、ミルトン・メイヤロフは『ケアの本質』で、一人の人格をケアすることは、その人が成長し、自己実現することを助けることであり、それによってケアする人も成長し、自己実現することを指摘しています。この言葉が示すように、ケアの本質とは、一方向的な行為ではなく、信頼関係に基づく双方向的な営みなのです。このような関係性の中で、人はお互いに影響を与え合い成長していくのでしょう。

3．多様性と個性を尊重する

ケアは、多様性と個性を尊重する姿勢から始まります。相手を所有したり、病的に依存したり、考えを押し付けたりするのではなく、相手を固有の価値観を持つ存在として理解しようとすることが大切です。しかし、日常生活の中では、意識的にも無意識的にも、相手の意思を尊重せず「相手のためになったつもり」の行為が行われがちです。

このことを理解するために、精神科医の竹中星郎が『「老い」を生きるということ』で紹介した「引きこもり高齢者」の事例を考えてみましょう。もし、あなたがこの男性の家族だったとしたら、どのように向き合うでしょうか？

　　75歳で突然引きこもった男性がいます。男性は70歳の定年まで、長年サラリーマンとして数々の業績をあげ、部下を育ててきました。退職後は家で本を

読んだり庭仕事に精を出す日々だったのですが、75歳になったある日、妻に突然、「もう十分生きた。これ以上することはない」と告げて、部屋にこもってしまいました。食事、トイレ、洗面以外は部屋で寝て過ごし、新聞、テレビは一切見ません。入浴、理髪、髭剃りは、妻と娘が月一回強制的に行っているのみです。妻と娘は、このままでは認知症になってしまうと、あれこれ勧めましたが頑として聞き入れてくれません。困り果てた家族は、男性を連れて精神科に相談に来ました［竹中 2012: 106］。

竹中によると、このような「引きこもり高齢者」が増えています。例えば、夫の死後、「私の人生は終わった」と感じて息子家族との交流を絶ち部屋に閉じこもる女性や、近隣との付き合いを絶ちデイサービスなどを拒む一人暮らしの高齢者など、枚挙に暇がないといいます。高齢者がこうした生活を送ると、家族や周囲は「認知症ではないか」「うつ病ではないか」と心配し、医療機関に相談に持ち込まれます。この事例でも、家族は男性のことを心から心配して医療機関を訪れたのでしょう。多くの家族が、善意から「相手のためになったつもり」で同じような行動をとるのではないでしょうか。

しかし、竹中は、こうした高齢者の人生を深く聞くことで、これまでの生き方の結果として今の生き方に至っていることが多く、高齢者像の多様化の表れの一つだと言います。「異常だ」とレッテルを貼るのではなく、さまざまな高齢者の生き方を受け入れて、傍らにいて、サポートを求められたときに手を差しのべるかかわり方が求められると述べています。高齢者が「この世につなぐくさりを少しずつはずしていく」仕事に取り組む時期に、家族や周囲の人には、高齢者の人生に耳を傾け、多様性と個性を尊重するケアが求められるのです。

4.「支援が必要な特別な存在」と捉えることの弊害

精神科医の川村敏明は、「支援しなければならない人」として接することが、「病む」人びととの生きづらさをかえって増幅させてしまうと指摘しています。「べてるの家（北海道浦河町にある精神障害等をかかえた当事者の地域活動拠

点）」では、医師も牧師もソーシャルワーカーも、患者に対して「治療」や「説教」を行う専門家ではなく、スーパーの清掃や昆布、介護用品の配達など、日常の作業を共に行う共同体の一員としてかかわります。川村医師は「治せない医者」と自称するほどおおらかでユーモアに富んだ人物です。彼の言葉を紹介します。

> 幻聴の症状を取ることに生涯をついやすよりも、自分に幻聴があるんだということをみんなの前でおおらかに話せる社会を作るほうがいい。精神病は恐れを抱かれてきた病気です。でも、その恐れを抱かせたのは、わたしたち治療者のほうの態度だったんですよ。治療者自体が病気を恐れている、再発することをいつも恐れているんですから。いいじゃないですか、再発したって。ぼくはいつも言いますよ、もう2、3回入院しないといけないとか、予定どおり再発するよねとかね。病気に対しても構えがおおらかであるということ自体がとてもたいせつなんです［鷲田2001: 156］。

川村医師は、それぞれが抱える生きづらさを共に担い、共に考えることが大切だと言います。「治療する」や「支援する」という一方向的な視点ではなく、互いに弱さを抱えた存在としてかかわり合い、それぞれの生きづらさに寄り添いながら、その意味を共に模索することこそが、「一人の人格」をケアすることではないでしょうか。このようなケアのあり方は、もちろん専門職にとって重要な課題ですが、私たち一人ひとりにも求められる「ケアを生きる」姿勢でもあります。相手を「支援が必要な特別な存在」として捉えるのではなく、対等な関係の中で共に歩むことが、ケアの本質を実現する道だと思うのです。

5．ふたたび瀬戸内の海から

私たちは「人間はみな等しくかけがえのない存在である」という理念を理解しています。しかし、実際にはお互いの違いを受け入れられず、多様性を尊重できないことで、多くの偏見や差別が生まれ、排除する社会が形成されています。

そのような社会では、子どもたちでさえ「自分をそのまま肯定できない」状況に陥っています。大人たちは「個性を大切にしなさい」と言葉では伝えながら、一方では厳しい校則で縛り、優等生であることを求めます。たまたま今の学校社会で設けられた枠組みからはみ出したこどもたちは、劣等生というレッテルを貼られてしまいます。「先生は自分のことを分かろうとしない。先生に相談しても無駄だ…。」そうした現実とのギャップの中で、こどもたちは苦しみ堪えています。

本書を通じて、私たちは社会に多くの課題があることを学びました。本書に出会わなければ、それらの課題に気づかなかったかもしれません。それほど、見えにくく、聞こえにくい呻(うめ)きが社会構造の中に潜んでいるのです。そして、その呻きは、いつ「私自身のもの」になるかわかりません。社会構造というレールが敷かれている場合もあれば、突然やってくる場合もあります。いずれにしても、私たちには拒否する権利はなく受け入れるしかないのです。

さらに、私たち自身の無関心が、その呻きをより大きくしていることを知らなければなりません。私たち一人ひとりのあり方が問われています。相依性や脆弱性、存在の価値、多様性や個性といった人間の本質に向き合おうとするとき、私たちの前には「成熟した社会的包摂」という人間福祉の未来が開かれることでしょう。それは、瀬戸内の海のようであるかもしれません。個性豊かな無数の島々を、一つも拒むことなく、むしろ自らの姿を変えながら暖かく包み込む瀬戸内海の大らかさに、私たちは未来への希望を見いだせるような気がするのです。

【参考文献】
・池上哲司『傍らにあること―老いと介護の倫理学』筑摩書房、2014年
・竹中星郎『「老い」をいきるということ―精神病理とケア』中央法規、2012年
・メイヤロフ, M『ケアの本質』田村真・向野宣之訳、ゆみる出版、2006年
・鷲田清一『〈弱さ〉のちから』講談社、2001年
・鷲田清一『老いの空白』岩波書店、2015年

■著者略歴

葛生　栄二郎（くずう　えいじろう）
ノートルダム清心女子大学名誉教授（序章・第1章担当）
専門：社会倫理学、法哲学

﨑川　修（さきかわ　おさむ）
ノートルダム清心女子大学人間生活学部教授（第2章・第3章担当）
専門：哲学、倫理学、人間学

中井　俊雄（なかい　としお）
ノートルダム清心女子大学人間生活学部准教授（第4章・第5章担当）
専門：地域福祉学

杉山　博昭（すぎやま　ひろあき）
ノートルダム清心女子大学人間生活学部教授（第6章・第7章担当）
専門：社会福祉学

八重樫　牧子（やえがし　まきこ）
福山市立大学名誉教授（第8章担当）
専門：児童家庭福祉学

濱﨑　絵梨（はまさき　えり）
ノートルダム清心女子大学人間生活学部准教授（第9章・終章担当）
専門：高齢者福祉学

改訂　ケアを生きる私たち

2016年4月25日　初版第1刷発行
2025年4月20日　改訂版第1刷発行

■編　　者── ノートルダム清心女子大学人間生活学科
■発 行 者── 佐藤　守
■発 行 所── 株式会社 大学教育出版
　　　　　　　〒700－0953　岡山市南区西市855－4
　　　　　　　電話（086）244－1268（代）　FAX（086）246－0294
■Ｄ Ｔ Ｐ── 難波田見子
■印刷製本── モリモト印刷（株）

Ⓒ 2025, Printed in Japan

検印省略　　落丁・乱丁本はお取り替えいたします。
本書のコピー・スキャン・デジタル化等の無断複製は著作権法上での例外を除き禁じられています。本書を代行業者等の第三者に依頼してスキャンやデジタル化することは、たとえ個人や家庭内での利用でも著作権法違反です。

ISBN978－4－86692－363－5